AF274715

... **Títulos relacionados**

Operaciones de caja en la venta
UF0035

Áurea Campo Varela

© 2024 Ediciones Paraninfo, S. A.
© 2024 Áurea Campo Varela

Maquetación: Ediciones Nobel, S. A.

Impresión: Liberdigital (Casarrubuelos, Madrid)

ISBN: 978-84-283-6469-0
Depósito legal: M-11399-2024

Impreso en España

Áurea Campo Varela es licenciada en Administración y Dirección de Empresas por la Universidad de Oviedo. Desde el año 2001 ejerce como docente en el ámbito de la Formación Profesional en diversos centros de la Comunidad de Madrid impartiendo diferentes materias relacionadas con las áreas de la Logística y el Marketing.

Entre sus publicaciones técnicas orientadas a ciclos formativos se encuentran diversos títulos de la familia profesional de Comercio y Marketing.

A Luis y Obdulia.

Índice

Introducción normativa

La Ley Orgánica 3/2022, de 31 de marzo, de ordenación e integración de la Formación Profesional, contiene una disposición derogatoria única que afecta a la regulación de los certificados de profesionalidad, ahora denominados **Certificados Profesionales**. La referida normativa deroga la Ley Orgánica 5/2002, de 19 de junio, de las Cualificaciones y de la Formación Profesional, y abre un escenario de cambios que se irán implementando progresivamente.

La Ley Orgánica 3/2022, de 31 de marzo, de ordenación e integración de la Formación Profesional implica que toda la formación es acumulable. La oferta formativa se estructura de forma escalonada, siendo los Certificados Profesionales un nivel intermedio (Grado C) de una escala que va desde el Grado A hasta el E.

En los artículos 35 a 38 de la Ley 3/2022 se describe en qué consisten estos Certificados Profesionales: su oferta, formación asociada, estructura, duración, acceso, titulación y validez. Posteriormente, esta normativa se completa con lo dispuesto en el Real Decreto 659/2023, de 18 de julio, que desarrolla la ordenación del sistema de Formación Profesional. Concretamente en los artículos 67 a 81 es donde se hace referencia a la oferta formativa de Grado C, correspondiente a los Certificados Profesionales.

Están agrupados en 26 familias profesionales con características comunes del sector. En la actualidad hay más de medio millar de Certificados Profesionales incluidos en el Repertorio Nacional. Esta cifra no deja de crecer. Además, cada certificado está específicamente regulado por un real decreto.

Un Certificado Profesional corresponde al Grado C de la oferta del Sistema de Formación Profesional. Es un documento oficial, con validez en todo el territorio nacional y debe constar en el Catálogo Nacional de Ofertas de Formación Profesional, que certifica la capacitación para el desarrollo de una actividad profesional.

Debe detallar los módulos profesionales superados y los estándares de competencia profesional asociados a él e incluidos en el **Catálogo Nacional de Estándares de Competencias Profesionales**, así como su correspondencia con el Marco Español de Cualificaciones.

Despliegan su validez en un doble ámbito, laboral y académico:

- En el contexto laboral tienen validez profesional, porque acreditan las competencias en una determinada profesión. Para poder trabajar en algunas profesiones, se exigen determinadas cualificaciones, y los certificados sirven para acreditarlas.

- Asimismo, tienen validez académica, puesto que permiten continuar un itinerario formativo siempre que se cumplan los requisitos de acceso para cursar la titulación deseada. De tal modo que, los Certificados Profesionales que sean parte de un Grado D permitirán la matrícula modular para completar los módulos establecidos en el currículo y obtener el correspondiente título de técnico básico, técnico o técnico superior con validez en todo el territorio nacional.

Para obtener un Certificado Profesional (Grado C) es preciso cumplir con los requisitos de acceso para realizar la formación.

Estructura de los Certificados Profesionales

I. Identificación: denominación, familia y área profesional a la que pertenecen; nivel de cualificación profesional (1, 2 o 3); cualificación profesional de referencia; entorno profesional y módulos formativos que esté previsto cursar junto con la duración de cada uno de ellos.

II. Perfil profesional: incluye las competencias profesionales requeridas en el mercado laboral. En todas ellas se concretan las realizaciones profesionales y los criterios de realización.

III. Formación: describe los módulos formativos que esté previsto cursar para adquirir las competencias requeridas. En cada uno de ellos se indican las capacidades que se pretende alcanzar y la duración del módulo de prácticas no laborales —PNL—, para el que cabe solicitar exención si se cumplen determinados requisitos.

IV. Prescripciones de las personas formadoras.

V. Requisitos mínimos de espacios, instalaciones y equipamiento.

Los Certificados Profesionales se identifican con una denominación concreta y un código alfanumérico propio, y sirven para acreditar una determinada cualificación profesional. Cada certificado está asociado a una relación de unidades de competencia que, a su vez, se vinculan con una serie de módulos formativos específicos. Algunos módulos están integrados por unidades formativas y tanto unos como otras son, en ocasiones, transversales, lo que significa que se trata de contenidos incluidos en más de un Certificado Profesional.

Los Certificados Profesionales se articulan en tres niveles de competencia profesional (1, 2 y 3) conforme a lo dispuesto en el que será el Catálogo Nacional de Estándares de Competencias Profesionales, anteriormente Catálogo Nacional de Cualificaciones Profesionales (CNCP), según los criterios establecidos de conocimientos, iniciativa, autonomía y complejidad de las tareas, en cada una de las ofertas de Formación Profesional.

La oferta formativa dirigida a la obtención de los Certificados Profesionales tiene carácter modular para favorecer la acreditación parcial acumulable de la formación recibida y posibilitar así el avance en el itinerario de Formación Profesional para cualquiera que sea la situación laboral de cada persona en cada momento.

En definitiva, el Grado C constituye la oferta, parcial y acumulable, del sistema de Formación Profesional, de varios módulos profesionales del catálogo modular de Formación Profesional por razón de su significado en el mercado laboral y conducente a la obtención de un Certificado Profesional.

Las ofertas de Grado C de Formación Profesional tendrán por objeto módulos profesionales incluidos previamente en el catálogo modular de formación profesional y asociados al Catálogo Nacional de Estándares de Competencias Profesionales.

Finalidad de los Certificados Profesionales

- Contribuir a la ordenación de un Sistema de Formación Profesional al servicio de un régimen de formación y acompañamiento profesionales que sea capaz de responder con flexibilidad a los intereses, expectativas y aspiraciones de cualificación profesional de las personas a lo largo de su vida.

- Combinar escuela y empresa situando a la persona en el centro del sistema.

- Facilitar el aprendizaje permanente de toda la ciudadanía mediante una formación abierta, flexible y accesible, estructurada de forma modular, a través de la oferta formativa asociada al certificado.

- Acreditar las cualificaciones profesionales o las unidades de competencia recogidas en estas, independientemente de su vía de adquisición, bien sea través de la vía formativa, o mediante la experiencia laboral o vías no formales de formación.

- Favorecer, tanto a nivel nacional como europeo, la transparencia del mercado de trabajo.

- Contribuir a la calidad de la oferta de Formación Profesional.

Este libro

El presente libro desarrolla la Unidad Formativa denominada "Operaciones de caja en la venta", UF0035.

Dicha unidad formativa está asociada a la Unidad de Competencia UC0240_2, forma parte del Módulo Formativo MF0240_2: "Operaciones auxiliares a la venta" perteneciente a la Cualificación Profesional de referencia COM085_2, de nivel 2, incluida en el Certificado de Profesionalidad denominado "Actividades de venta", dentro de la familia profesional Comercio y márketing.

Según el Real Decreto 1377/2008, de 1 de agosto, modificado por el RD 1522/2011, de 31 de octubre, los contenidos que en esta obra se recogen se corresponden con una duración de 40 horas.

Tanto la estructura como el desarrollo del libro se ajustan al citado real decreto y más concretamente a los contenidos de la Unidad Formativa que le da título "Operaciones de caja en la venta", UF0035.

Contenido

1. **Caja y Terminal Punto de Venta**
   — Caja y equipos utilizados en el cobro y pago de operaciones de venta:
     • Funcionamiento.
     • Características.
   — Sistemas tradicionales:
     • Caja registradora.
     • Datafono.
   — Elementos y características del TPV.
   — Apertura y cierre del TPV.
   — Scanner y lectura de la información del producto.
   — Otras funciones auxiliares del TPV.
   — Lenguajes comerciales: codificación de la mercancía, transmisión electrónica de datos (Sistema EDI u otros).
   — Descuentos, promociones, vales en el TPV.
   — Utilización del TPV (Terminal punto de venta).

2. **Procedimientos de cobro y pago de las operaciones de venta**
   — Caracterización de los sistemas y medios de cobro y pago:
     - Efectivo.
     - Transferencia y domiciliación bancaria.
     - Tarjeta de crédito y débito,
     - Pago contrarreembolso,
     - Pago mediante teléfonos móviles, u otros.
     - Medios de pago *online* y seguridad del comercio electrónico.
   — Los justificantes de pago:
     - El recibo: elementos y características.
     - Justificante de trasferencias.
   — Diferencias entre factura y recibo.
     - Obligaciones para el comerciante y establecimiento comercial.
   — Devoluciones y vales.
     - Normativa.
     - Procedimientos internos de gestión.
   — Registro de las operaciones de cobro y pago.
   — Arqueo de caja:
     - Concepto y finalidad.
   — Recomendaciones de seguridad e higiene postural en el TPV.

■ Nota del Editor

En Ediciones Paraninfo estamos comprometidos con la calidad de la formación e intentamos que nuestros materiales respondan fielmente y con rigor a las necesidades de todos cuantos confían en nuestro sello editorial.

Tratamos de dar respuesta a los currículos de las unidades formativas y de los módulos que integran los distintos Certificados Profesionales, equilibrando la parte teórica con la práctica para que los procesos de aprendizaje se conviertan en experiencias gratificantes, tanto para docentes como para las personas inmersas en los procesos formativos.

Nuestros objetivos son contribuir de forma decisiva a afianzar aprendizajes, ayudar a adquirir destrezas que tengan significado para el empleo y conseguir potenciar el desarrollo personal.

Para lograrlo contamos con excelentes autores, expertos en las materias que abordan, en la mayoría de los casos docentes de dichas especialidades con dilatada experiencia tanto profesional como académica, porque buscamos perfiles familiarizados con los contextos laborales concretos a los que se refieren nuestros manuales.

Confiamos en poder serte de ayuda y esperamos tus impresiones acerca de nuestro trabajo. Sean positivas o negativas, serán muy bien recibidas y, sin duda, nos ayudarán a seguir mejorando y trabajando con ilusión para continuar siendo un referente en formación para el empleo.

Agradecemos tu confianza en nuestros manuales. Todo nuestro equipo queda a tu total disposición. Puedes contactar con nosotros en esta dirección de correo electrónico:

info@paraninfo.es

1. Caja y terminal punto de venta

Contenido

1.1. Caja y equipos utilizados en el cobro y pago de operaciones de venta

1.1.1. Funcionamiento

Las cajas registradoras y terminales en el punto de venta son elementos fundamentales a la hora de organizar y gestionar cualquier tipo de establecimiento. Se trata de dispositivos mecánicos o electrónicos que permiten registrar las transacciones comerciales. Llevar un control estricto de movimientos de stock y saldo es un aspecto fundamental para rentabilizar cualquier negocio de *retail*.

En 1879 James Ritty, buscando una disminución del número de robos en su establecimiento, crea la primera caja registradora. Con ella los trabajadores, al teclear cada operación que realizaban, conseguían perforar un rollo de papel que indicaba la cuantía de la venta. Una esfera mostraba la suma total. Estas primeras cajas registradoras no generaban recibo.

Años después, John Henry Patterson compró la patente de Ritty e inició una brillante trayectoria empresarial al frente de la National Cash Registrer. De las 350 cajas registradoras vendidas el 1884 se pasó a los dos millones de unidades de 1922.

A lo largo del tiempo, a través de la incorporación de diferentes tipos de periféricos, se ha ido complementado la funcionalidad de estas primeras versiones. Hoy en día, los modelos existentes en el mercado ofrecen mayores utilidades para el comercio.

Figura 1.1. Las prestaciones que ofrecían las primeras cajas registradoras se reducían a la realización de simples operaciones algebraicas y al mantenimiento del dinero cerrado y ordenado.

1.1.2. Características

Por tanto, la operativa de caja ha evolucionado desde la utilización de cajas registradoras tradicionales hasta el uso de sistemas más modernos que, apoyándose en un *software,* convierte el terminal del punto de venta en un centro de gestión de operaciones comerciales.

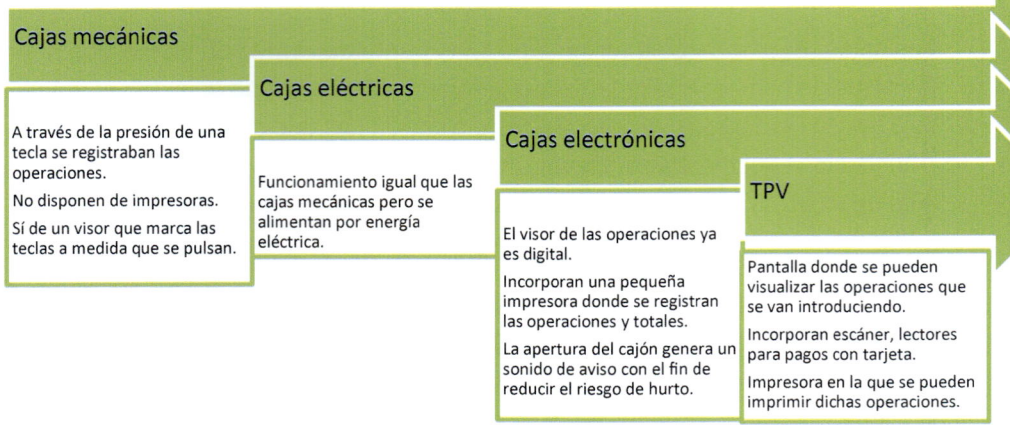

Figura 1.2. Evolución de las primeras cajas registradoras a los actuales terminales.

El **TPV**, terminal de punto de venta o **POS**, *Point of Sale Terminal,* es un dispositivo que ayuda a realizar numerosas tareas relacionadas con la gestión del punto de venta, principalmente aquellas vinculadas a las operaciones de compraventa. A través de una interfaz cómoda, accesible e intuitiva, se facilita la usabilidad a los vendedores.

Figura 1.3. Familiarizarse con la interfaz y funciones específicas de la herramienta gráfica conlleva un mínimo coste de aprendizaje.

La principal utilidad que aporta el uso del TPV en el establecimiento es la gestión de la actividad de venta. Además de garantizar el control del porfolio de referencias que ofrece el punto de venta, el TPV permite administrar datos de clientes, proveedores y personal. Por otro lado, facilitará información útil para la toma de decisiones que mejoren la productividad del negocio. En definitiva, entre las ventajas que aporta están:

- Agilizar el proceso de venta ya que se reduce el tiempo de gestión de cobros.

- Facilitar el control del surtido del establecimiento. Cada vez que se realiza una transacción se actualiza el inventario. Disminuye el riesgo de errores, al estar registradas las referencias en una base de datos.

- Permitir el control de entradas y salidas, así como programar alertas para realizar el aprovisionamiento de aquellas referencias que hayan llegado al *stock* mínimo.

- Tener información sobre el desempeño del negocio. Se podrán obtener datos sobre la actividad que faciliten la toma de decisiones estratégicas.

- Permitir la posibilidad de personalizar el justificante de compra.

- Posibilitar el registro del perfil de cada cliente. Conocer al cliente permitirá llevar a cabo un marketing más efectivo. Las acciones del establecimiento serán más dirigidas al cliente. Esto busca como objetivo aumentar la fidelidad y satisfacción de este.

- Por otro lado, de forma sencilla se podrán realizar mediciones para analizar la eficacia de las acciones.

- Generar presupuestos por clientes.

- Registrar datos relevantes de cada uno de los proveedores, con el fin de realizar análisis periódicos que mejoren la gestión del negocio en términos de rentabilidad, calidad y marketing.

- Controlar la actividad del personal, ya que, a través de la creación de distintos perfiles, se pueden restringir accesos y registrar con facilidad quién realiza cada operación. Con la creación de estos perfiles, se consigue aumentar la seguridad interna del establecimiento.

Figura 1.4. Un programa de gestión del TPV permitirá realizar un seguimiento de todo lo que ocurre en el negocio sin necesidad de estar presente en él.

1.2. Sistemas tradicionales

1.2.1. Caja registradora

La sustitución de los sistemas mecánicos por eléctricos en las cajas registradoras no mejora notablemente la funcionalidad de estas. No obstante, permiten hacer un mayor número de operaciones y son más silenciosas.

Serán las cajas registradoras electrónicas las que comienzan a simplificar la gestión de un establecimiento comercial. Estas tienen ya un funcionamiento que se acerca al de los actuales TPV. Su principal característica es que son programables. Esto significa que se reduce mucho la complejidad de una serie de operaciones que antes se realizaban a mano como el arqueo de caja, recuento de ventas, devoluciones, control de pagos a proveedores, etc.

A pesar de la mejora sustancial en la funcionalidad que aportan estos dispositivos de tercera generación, son muchas las razones por las que las que estas cajas registradoras han sido sustituidas por los actuales TPV:

- Las antiguas cajas registradoras exigen realizar de forma manual el traspaso de la información de cada recibo al registro contable.
- No permiten acceder a información sobre productos y ventas de forma instantánea.
- Al ser necesario marcar el precio de cada compra, las posibilidades de error humano son mayores.
- La gestión de cobros es más lenta.
- La información que puede proporcionar una caja registradora en el justificante de compra es muy reducida.
- Por su complejidad, requiere de técnicos especializados para su mantenimiento.

Figura 1.5. Las cajas registradoras electrónicas permiten la impresión de recibos.

1.2.2. Datáfono

A menudo, observamos que erróneamente se denomina TPV a los **datáfonos**. Estos son dispositivos habilitados para que un determinado comercio pueda cobrar por medio de tarjeta bancaria. El datáfono es un periférico del TPV que permite gestionar, en tiempo real, las transacciones de la venta mediante tarjetas de crédito o de débito. Facilitar los cobros a través de tarjeta bancaria consigue aumentar las posibilidades de venta y reducir el dinero líquido en el establecimiento.

Los componentes básicos del datáfono son:

- Lector de tarjetas y un teclado.

- Una pequeña impresora.

- *Software* para gestionar la operativa de ventas.

- Sistema de conexión que permite establecer el protocolo de comunicación.

Figura 1.6. Con el fin de autorizar la operación de pago, en ocasiones se requiere que el titular de la tarjeta introduzca, con ayuda del teclado, el pin[1].

---

[1] Número de identificación personal.

Existe una amplia variedad de datáfonos en el mercado.

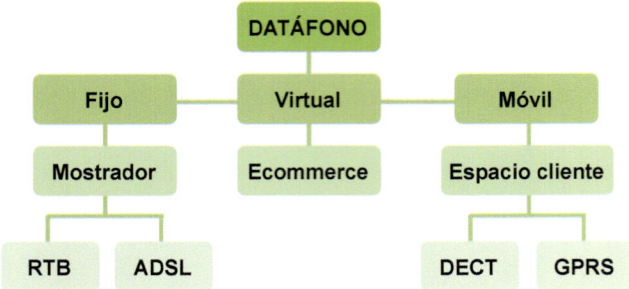

Figura 1.7. Tipos de datáfonos.

Datáfono fijo: suele estar ubicado en el mostrador del punto de venta. Se recomienda su uso en negocios que no precisan de movilidad para gestionar los pagos.

- **Datáfono RTB**[2]**:** está conectado por un lado a la corriente eléctrica y por otro a la línea telefónica convencional, de forma que cuando se realiza una operación con él se produce una llamada para contactar con el servidor de la entidad financiera.

- **Datáfono ADSL:** similar al anterior, pero se conecta con la entidad financiera a través de una línea ADSL. La conexión es más rápida. Es recomendado para establecimientos con alto número de transacciones que precisen de cierta agilidad en sus ventas. Al contratar una línea ADSL con el operador de telefonía, existe el beneficio de conexión con tarifa plana y la posibilidad de seguir utilizando el teléfono con la misma línea sin interrumpir las operaciones de cobro.

Figura 1.8. Datáfono fijo a través del cual se realiza la transacción.

---

[2] Red telefónica básica.

Datáfono móvil: útil en negocios que precisen de movilidad a la hora de realizar el cobro (restaurantes, ferias, venta a domicilio, servicios profesionales, etc.). Permite poder realizar la transacción en el espacio en el que se encuentre el cliente sin que este pierda la visibilidad de su tarjeta durante la operación.

- **Datáfono DECT**[3]: se conecta a una base fija de un teléfono inalámbrico, como si fuera uno más en la red de teléfonos de un establecimiento. Funciona mediante conexión wifi o *bluetooth*. Se mueve por el establecimiento comercial, pero solo a unos pocos metros de la base.

- **Datáfono GPRS**[4]: no se conecta a la línea de teléfono, sino que lleva incorporada una tarjeta SIM de un operador de telefonía móvil. Al tener su propia conexión, permite procesar cobros en cualquier lugar gracias a la *app* de gestión de pagos instalada en el dispositivo.

Figura 1.9. Datáfono inalámbrico que ofrece la posibilidad de desplazarse unos metros desde la base del terminal conectada a una línea fija (izquierda).
Figura 1.10. Existen en el mercado diferentes soluciones sectoriales (por ejemplo, los taxis) que utilizan la red de datos GPRS para el cobro con tarjeta (derecha).

Datáfono virtual: versión del datáfono que permite al *e-commerce* aceptar pagos a través de tarjeta de crédito o débito. Para implementar el servicio, es necesario llegar a un acuerdo con una entidad bancaria. El datáfono virtual irá asociado a una cuenta bancaria en la que se abonarán los importes de la venta *online*. Es habitual que para completar el pago de forma segura a través de Internet, el cliente tenga que introducir un código enviado por SMS o confirmar la compra a través de la *app* de su banco.

---

[3] *Digital Enhanced Cordless Telecommunications.* Telecomunicaciones inalámbricas mejoradas digitalmente.

[4] *General Packet Radio Service.*

Figura 1.11. En el e-*commerce* se debe ofrecer al cliente una experiencia de pago cómoda, fluida y segura.

Son las propias entidades financieras las que, bajo determinadas condiciones, facilitan estos periféricos a los comerciantes.

En función de aspectos como la entidad, el grado de vinculación (voluntad del banco de captar a ese cliente, antigüedad, tipo de negocio, facturación, etc.), el tipo de servicio prestado, etc., se generarán unos costes que, en ocasiones, los establecimientos consideran excesivos.

Figura 1.12. Tipos de costes que las entidades financieras aplican por la contratación de un servicio de pago mediante datáfono.

Algunas entidades ofrecen servicios de tarifas planas que incluyen tanto el coste de transacción como el de mantenimiento del servicio. Con ello, el cliente paga una cantidad fija mensual en función de su facturación.

Por otro lado, el uso de las tarjetas bancarias en cualquier transacción genera dos tipos de costes:

- El banco emisor de la tarjeta abona al banco del establecimiento el precio del producto descontando la denominada *tasa de intercambio.*

- Por otro lado, el banco del establecimiento abona al propio establecimiento el precio del producto descontando una comisión, la denominada *tasa de descuento*.

Los dos bancos, tanto el del establecimiento (propietario del datáfono) como el del cliente (emisor de la tarjeta), operarán hasta un límite en el cual no entren en pérdidas. La *tasa de intercambio* es un coste entre las entidades, mientras que la *tasa de descuento* equivale a una comisión que el propietario del datáfono aplica al comerciante. La primera influye directamente en la segunda.

Figura 1.13. Los establecimientos que tienen muchas transacciones al día tienen una capacidad de negociación con las entidades financieras que no posee el pequeño comercio.

Es habitual que pequeñas y medianas empresas, con el fin de evitar las comisiones de alquiler, mantenimiento o administración, opten por la compra del datáfono. De esta forma, solamente tendrán que pagar un porcentaje por cada venta realizada.

Mediante el pago a través de tarjetas bancarias, los establecimientos:

- Ofrecen un servicio a sus clientes facilitándoles realizar el pago en momentos en los que estos no dispongan de efectivo.

- Permiten que los clientes puedan acceder a la financiación de la compra, a través del aplazamiento del pago que les ofrezca la entidad bancaria.

- Mayor seguridad en el establecimiento debido al menor movimiento de tesorería. Se evitan desplazamientos a la sucursal bancaria para el ingreso de efectivo procedente de las ventas.

Figura 1.14. Las ventajas del pago a través de tarjetas bancarias hacen que aquellos comercios que no dispongan de datáfonos estén en clara desventaja frente a los que sí.

1.3. Elementos y características del TPV

Para poder, a través de un TPV, procesar transacciones comerciales del establecimiento es necesario disponer de un programa de gestión, así como de una serie de componentes físicos.

Los elementos clave que conforman un terminal punto de venta se distribuyen entre el *software* y el *hardware*.

- El *software* hace referencia al sistema operativo y programa de gestión con el que opera el vendedor. Permite registrar cada transacción, de tal forma que toda la información que se genera como consecuencia de la actividad quede almacenada y actualizada.

- El *hardware* está formado por los dispositivos físicos necesarios para ejecutar el *software*. Esta infraestructura permitirá agilizar y organizar las tareas ligadas al proceso de venta.

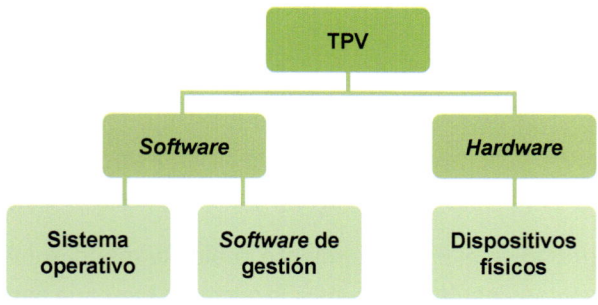

Figura 1.15. Componentes del TPV.

Todos estos elementos, además de permitir gestionar los pagos en metálico, función básica y principal de las cajas registradoras, aportan más prestaciones al equipo. Algunas de ellas pueden ser:

- Creación de un sistema de referencias y control de inventarios.

- Consulta de operaciones, así como de informes que contribuyan a mejorar la gestión del negocio.

- Agilidad en los procesos de facturación.

- Emisión de facturas simplificadas más detalladas.

- Recepción de pagos mediante tarjeta bancaria.

- Etcétera.

A la hora de elegir el programa de gestión y los dispositivos físicos que formarán parte del terminal, es necesario conocer cuáles son las necesidades de negocio. Aspectos como volumen de ventas previsto, volumen de facturación, medios de pago habituales, catálogo de productos, etc., serán considerados a la hora de decidir las características que deben reunir los componentes del TPV.

Las parametrizaciones específicas del **software** permiten una mejor adaptación de la aplicación al negocio. El programa de gestión del TPV puede ser:

- **A medida.** *Software* específico para una única empresa. Suelen ser mucho más caros y las modificaciones o actualizaciones van siempre ligadas a la disponibilidad de la empresa que lo desarrolla.

- **Comercial.** Suelen estar predefinidos para establecimientos de un determinado sector, aunque también se comercializan programas de gestión de carácter general. Más económicos que los anteriores.

Hardware. Dentro de la tipología de TPV podemos encontrarnos con:

- **TPV compacto.** Integra los periféricos necesarios en una misma pieza. Es decir, integra la CPU, la impresora, la pantalla y el teclado en un solo dispositivo. Ocupa poco espacio y sufre menos averías.

- **TPV modular.** Equipo basado en un PC normal con un *software* instalado sobre un sistema operativo convencional. Todos los componentes necesarios se deben cablear y conectar a la CPU a través de sus diferentes puertos e interfaces. Pueden ejecutar la mayoría de las aplicaciones pensadas para el punto de venta. Resultan más voluminosos, menos fiables y requieren más mantenimiento. No hay que olvidar que los PC no están pensados para estar en un punto de venta, sino en una oficina o en el hogar. No obstante, son la solución más económica.

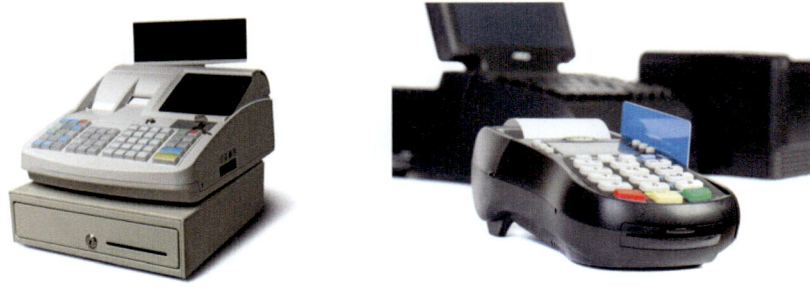

Figura 1.16. TPV compacto (izquierda). Figura 1.17. TPV modular (derecha).

Los periféricos que habitualmente componen el TPV son los que se describen a continuación:

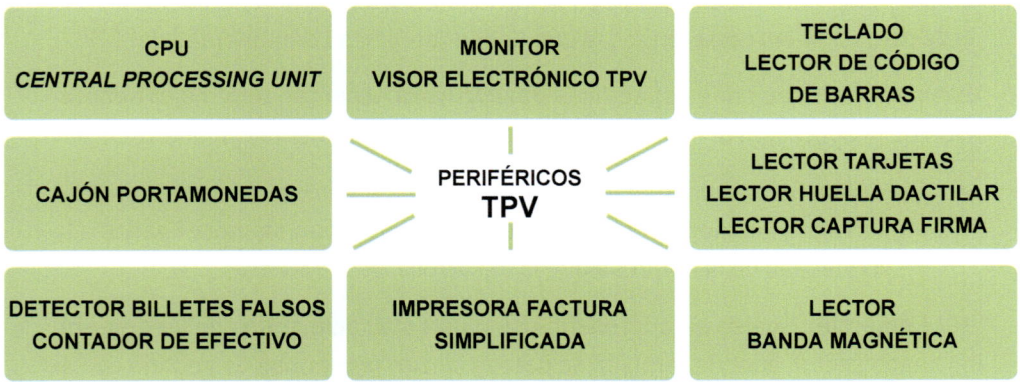

Figura 1.18. Periféricos del TPV.

- **CPU.** *Central Processing Unit.* Es el *hardware* que interpreta las instrucciones del *software* mediante la realización de las operaciones aritméticas y lógicas. La CPU permite el almacenamiento de datos y el tratamiento de la información.

- **Monitor.** Ptratarse de un monitor normal o uno que integre las funciones del teclado y del ratón a través de un sistema táctil. Ambos agilizarán las labores de gestión de cobro al permitir al usuario manejar de forma intuitiva el menú.

  Las pantallas táctiles facilitan la llamada de precio directo. Con solo pulsar sobre el icono de un artículo, el operario de caja accede al registro de este para proceder a su facturación. El ahorro de tiempo empleado es notable.

Figura 1.19. La pantalla táctil permite a los usuarios, a través de simples toques sobre la misma, una interacción intuitiva y rápida con el terminal.

- **Teclado.** El teclado permite al usuario interactuar con el TPV. Lo ideal es disponer de teclados específicos configurables con accesos directos. La posibilidad de incorporar imágenes o símbolos a las teclas facilita el acceso intuitivo a las funciones principales.

- **El lector de código de barras.** Dispositivo que automatiza la identificación de las referencias en el proceso de venta a través de la lectura del código impreso en la etiqueta. El código de barras está compuesto por una serie de dígitos que representan de forma unívoca un producto. La función del lector es la de transcribir dicho código de forma automática acelerando así el registro de salida. Los errores de tecleo disminuyen y se reduce significativamente el tiempo empleado por el personal de línea de cajas.

Figura 1.20. Teclado adaptado al TPV que facilitan el trabajo de gestión y cobro (izquierda).
Figura 1.21. Gracias a la base de datos que incorpora el sistema, la lectura de un código permite identificar el artículo, su precio y otras características relevantes (derecha).

En ocasiones la lectura de los códigos de barras demanda otra información adicional, por ejemplo, el peso que registra una balanza. Una parte del código sirve para la identificación del producto y la otra indica la cantidad.

Mediante la conexión de la báscula con el *software* de gestión, se podrá controlar aquellos productos que se venden por peso.

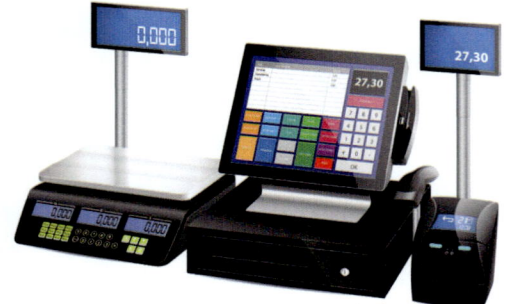

Figura 1.22. Es muy habitual encontrar estos lectores de códigos de barras variables en establecimientos en los que se comercializan productos a granel.

- **Visor electrónico del TPV.** Pantalla de visualización de datos donde el cliente puede ver el resultado de la operación de venta u otra información adicional antes de imprimir el recibo de compra.

  Suelen tener dos filas de 20 caracteres y suelen ser de tipo: LCD[5], VDF[6] (retro iluminado) o gráficos (mediante puntos y no caracteres). En la actualidad, algunos fabricantes utilizan pequeñas pantallas TFT[7], donde el cliente podrá visualizar publicidad además de la información correspondiente a la venta.

Figura 1.23. Visores alfanuméricos retroiluminados que permite a los clientes realizar, a través de pantalla, una comprobación de los registros.

---

[5] *Liquid Crystal Display.* Pantalla cristal líquido.

[6] *Vacuum Fluorescent Display.* Visualizador fluorescente de vacío.

[7] *Thin Film Transistor.* Transistor de películas finas.

- **Lector de tarjetas bancarias.** Permite la lectura de la información digitalizada en las tarjetas bancarias. Los terminales del punto de venta disponen de un sistema de integración con estos dispositivos para agilizar el proceso de pago.

  - **Lector de tarjetas MSR**[8]. Las tarjetas bancarias de banda magnética, hoy en día, suponen una tecnología en extinción. Es por ello que este tipo de lectores son poco habituales para realizar cobros.

  - **Lector de tarjetas EMV.** Dispositivo capaz de leer datos de tarjetas bancarias, con tecnología EMV[9], a través de su chip. La tarjeta se inserta en el datáfono para realizar el pago. En ocasiones es necesario que el cliente valide la operación insertando el pin a través del teclado.

Figuras 1.24 y 1.25. La tecnología EMV otorga una mayor seguridad a la hora de efectuar transacciones en los comercios al exigir al titular de la tarjeta que teclee el código secreto o pin para poder pagar la compra.

  - **Lector *contactless*.** Disponen de un sistema que facilita la lectura sin contacto, a distancias muy cortas, de datos almacenados en tarjetas bancarias EMV compatibles con NFC[10]. La transacción se realiza con la simple aproximación de la tarjeta al terminal. Ambos dispositivos se conectan simplemente por proximidad. Resulta especialmente interesante para aquellos establecimientos con gran afluencia de público.

    Los más modernos *smartphones* incorporan la tecnología NFC. Aquellos más antiguos pueden añadir esta funcionalidad a través de una pegatina que facilita la comunicación entre TPV y teléfono.

---

[8] *Magnetic Stripe Reader.*

[9] «Europay MasterCard VISA», las tres compañías que inicialmente colaboraron en el desarrollo del estándar.

[10] *Near Field Communication.*

Figuras 1.26 y 1.27. Lo cierto es que la tecnología contactless, sin contacto, ahorra tiempo y hace más cómodos los pagos.

Además de *smartphones* y tarjetas que incorporan la tecnología NFC, existen otros dispositivos que permiten la realización de pagos mediante un lector *contactless:*

— Pulseras cuantificadoras asociadas a la práctica deportiva.

— *Smartwatches* o relojes inteligentes.

Estos dispositivos, basados en la tecnología de pago *contactless,* llevan en su interior un *microtag* con la información encriptada de la tarjeta del cliente. Basta con acercarlos al terminal para realizar un pago.

El chip se conecta con el datáfono para realizar la transacción como si fuera una tarjeta *contactless* normal. Con la misma utilidad que ofrecen los *smartphones,* aportan la ventaja de la comodidad de llevarlos puestos como un complemento más.

Figura 1.28. *Smartwatch* inteligente que permite realizar los pagos utilizando la tecnología *contactless.*

- **Lectores biométricos de huella dactilar.** Facilitan la identificación de clientes de forma rápida y sencilla a través de un escáner biométrico de huella dactilar. Con solo colocar el dedo en el lector, el sistema reconocerá automáticamente al cliente o al vendedor según el caso. Ofrece la máxima seguridad evitando la utilización de contraseñas o tarjetas que pueden ser robadas o perdidas.

- **Dispositivo de captura de firma.** Digitalizadora que permite la captura de firmas legalmente vinculantes.

  En ocasiones, otra de las funcionalidades que permite este dispositivo es la de mostrar en pantalla mensajes de marketing con opciones seleccionables y botones de respuesta que facilitan al cliente el acceso a ofertas y productos.

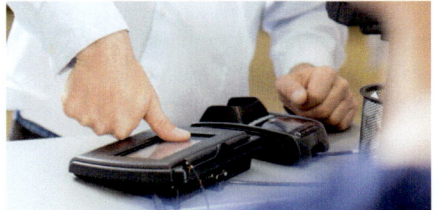 

Figura 1.29. Una vez indicado el importe, el cliente lo acepta realizando la identificación biométrica de huella digital. Realizada esta validación, se descuenta el importe al saldo del cliente (izquierda). **Figura 1.30.** El lápiz táctil y la superficie de firma capturan las aceptaciones de pago por parte de los clientes (derecha).

- **Cajón portamonedas.** Aunque cada vez más el pago se realiza con tarjeta, el pago en efectivo todavía es fundamental. Por ello, el establecimiento necesita tener un lugar seguro para la guarda del dinero. Se puede conectar a un puerto de tipo RJ11[11] que incorpora la propia impresora de *tickets* o directamente, a través de un puerto serie, a la CPU. El cajón se abre automáticamente al recibir un impulso por dichas conexiones en el momento de validación de la transacción.

Figura 1.31. Cajón con llave de seguridad y doble ranura frontal para la guarda de cheques, resguardos de cobros con tarjetas y otros documentos sin necesidad de abrir el cajón.

---

[11] Tipo de conector usado principalmente para enlazar redes de telefonía.

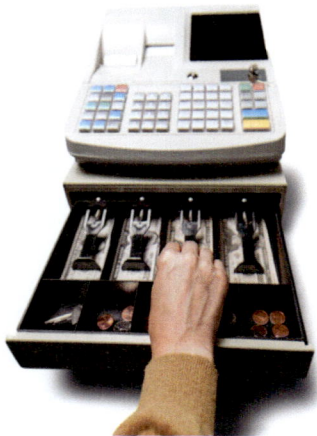

Figura 1.32. Ubicado bajo el TPV, el cajón portamonedas permite mediante compartimentos separados la guarda de monedas y billetes. Puede disponer de sistemas de bloqueo que aportan una mayor seguridad.

Existen:

· Cajones portamonedas de seguridad, más próximos a una caja fuerte. Tienen elevados espesores en sus carcasas de acero y cuentan con gavetas extraíbles para realizar entradas y salidas de cambio de efectivo.

· Cajones verticales para espacios reducidos.

· Cajones de autocobro. Terminales para control de efectivo donde el cajero no toca nunca el dinero, siendo el cliente el que realiza el pago directamente en el terminal y este quien realiza el cómputo del dinero entregado y la devolución del cambio.

Como medida de seguridad, los establecimientos suelen establecer diversos protocolos de actuación durante la operativa de caja. Algunos de ellos son:

· Después de cada operación se debe cerrar el cajón y mantenerlo cerrado entre transacciones. En el caso de que sea necesario ausentarse del puesto, se procederá a cerrar con llave el cajón del TPV y a retirar la misma.

· Cuando el dinero en caja exceda de una determinada cantidad deberá ser colocado en sobres de recaudación e introducido en la caja fuerte.

• **Detector de billetes falsos.** Fijado al terminal, constituye un elemento de disuasión. Este comprobará que los billetes recibidos por el establecimiento son auténticos y de curso legal. Continuamente el Banco Central Europeo aumenta la seguridad poniendo en circulación billetes más sencillos de comprobar y difíciles de falsificar. En estos casos, los detectores de billetes falsos deberán ser actualizados. A través de la página oficial de la marca, realizando la búsqueda del modelo del dispositivo se podrá descargar una actualización junto con instrucciones de instalación.

Figura 1.33. Bajo una luz ultravioleta, el papel no debe resplandecer.

Con la lámpara de rayos ultravioleta que se utiliza para detectar billetes falsos también pueden detectarse falsificaciones de tarjetas bancarias con relieve. Estas se podrán colocar bajo la luz para observar si aparecen los símbolos característicos de la tarjeta. Ejemplo: Tarjetas VISA. (paloma), tarjetas MasterCard (inscripción «MC»).

En algunas ocasiones los detectores incorporan una función que permite contar la suma total de los billetes comprobados.

- **Contadores de efectivo.** Realizan el conteo de moneda suelta, encartuchada o embolsada, así como el de billetes sueltos o en fajos. Este periférico facilita, agiliza y elimina errores en las tareas de arqueo de caja.

Figura 1.34. Los dispositivos que automatizan el proceso de conteo de dinero mejoran la productividad en líneas de caja del punto de venta.

- **Impresora de factura simplificada.** Sirve para expedir el comprobante de la operación cuando el empleado confirme la transacción. El recibo incluye detalles de la operación como importe total, referencias, fecha/hora, etc. Estas pequeñas impresoras pueden ser:

  - **Matriciales.** Utilizan una cinta de tinta. Permiten obtener una copia del recibo o resguardo mediante calco, ya que la impresión se realiza por impacto. Son las más lentas y económicas.

  - **Térmicas.** Más rápidas y versátiles. Utilizan un rollo de papel térmico. En función de la calidad de impresión y resolución, ofrecen posibilidades de personalización con gráficos, logotipos, mensajes, etc. La factura simplificada, en función de la calidad del papel, se puede deteriorar con el paso del tiempo si se encuentra expuesta a temperaturas elevadas.

  - **De tinta.** Poco habituales.

Figura 1.35. Dispositivo del TPV que permite la impresión de la factura o recibo generado por la venta.

Cada vez son más los establecimientos que, siguiendo una política de *papperless*, ofrecen la posibilidad de facilitar al cliente la factura simplificada de forma digital. Además de conseguir una reducción de costes y agilización del proceso de cobro, esta medida contribuye a mejorar la imagen del negocio.

- **Lector de banda magnética.** Aunque se trata de una tecnología residual para transacciones bancarias, todavía algunos terminales cuentan con este tipo de dispositivo que es capaz de transcribir la información contenida en la banda magnética de una tarjeta plástica con los fines de:

  - Identificar un cliente a través de su tarjeta de fidelización.

  - Identificar a un empleado.

Figura 1.36. Este tipo de terminales permite la lectura de la información contenida en la banda magnética deslizando la tarjeta por el lector.

1.4. Apertura y cierre del TPV

Se accede a la apertura de caja cuando se abre por primera vez el programa en el día. Antes de registrar cualquier operación, es necesario el inicio de sesión a través de un código o lectura de tarjeta identificativa. De esta forma, todas las acciones realizadas se asignarán a ese trabajador.

El *software* del terminal suele permitir programar ciertos avisos de inicio que posibilitan generar mensajes personalizados que los usuarios leerán cuando ejecuten su sesión de inicio. El TPV permite definir las posibilidades de acceso individuales para cada empleado.

En este momento habrá que indicar o confirmar la fecha, así como registrar la cantidad de efectivo inicial. En cada cambio de turno, el responsable de caja entrante deberá revisar que estén en orden todos los elementos necesarios para realizar su trabajo de manera eficiente.

Para terminar la sesión o turno, el dependiente deberá acceder al menú para realizar el cierre informativo de turno que detallará las ventas realizadas en ese periodo. La caja deberá quedar cuadrada al terminar su jornada. Introducirá de forma detallada el total de efectivo que hay en ese momento. El arqueo y cuadre de caja es individual, por lo que personas no autorizadas no pueden interferir en el mismo. Se recomienda imprimir el resumen del cierre de caja.

Los cuadres y arqueos de cada responsable de caja deben quedar completos antes de retirarse del puesto de trabajo. Después de realizar el cierre informativo del último turno, se realizará el cierre contable de final de día. El responsable de caja del último turno entregará dinero y documentos al coordinador de cajas conforme al protocolo establecido por el establecimiento.

El cierre contable registrará los cierres informativos de todas las cajas que hayan estado en funcionamiento durante el día. En él se detallan las operaciones realizadas desde el último cierre contable, desglosando número e importe de ventas y devoluciones por cada tipo de medio de pago. Se comprobará que la suma de las operaciones contenidas en cada cierre coincide con los importes de los justificantes individuales de las operaciones.

Figura 1.37. Cuando el establecimiento dispone de varios terminales, estos deberán estar conectados a un terminal que centralice los resultados de cada puesto. Esto permitirá conocer el resultado global del negocio.

La figura del **coordinador de cajas** será será fundamental en el desarrollo de esta tarea. Además de llevar el control de los cierres de caja, este será responsable de garantizar cierta calidad en el servicio de atención al cliente, así como una fiabilidad en los procedimientos de cobro.

Las principales responsabilidades de un coordinador del equipo de cajas se centran en:

- Apoyo activo a los responsables de caja.

- Control de cobros, devoluciones de mercancía, así como el mantenimiento del propio puesto de caja.

- Gestión de incidencias.

- Manejar documentos contables relacionados con la operativa de caja.

- Seguimiento de información necesaria para el balance diario de caja.

- Colaborar con el responsable de recursos humanos en las tareas de administración de personal.

Figura 1.38. Un supervisor de línea de cajas verifica que cada integrante del equipo realice de forma diligente sus tareas.

1.5. Escáner y lectura de la información del producto

Los códigos de barras están implantados en nuestra sociedad de forma global y masiva. Un código de barras está compuesto por una serie de barras paralelas de diferente grosor o por una matriz de puntos. En el sector del *retail* estos códigos identifican, de forma unívoca, referencias. La información que almacena un código de barras puede ser descifrada, mediante la lectura de este, a través de un escáner. Esta unidad de rastreo mide la luz reflejada, interpreta la clave y decodifica la información. Con su lectura se posibilita el acceso a la información contenida en una base de datos.

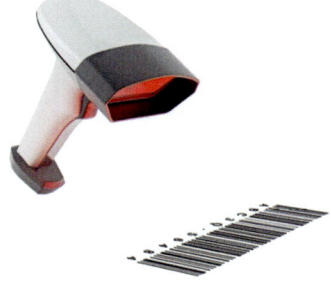

Figuras 1.39 y 1.40. La lectura de códigos de barras permite la captura de datos de una forma rápida y con porcentajes muy bajos de error.

Los lectores de códigos son, por tanto, dispositivos que permiten al operario escanear un código. Estos funcionan acercando el haz de luz del lector al artículo.

Según el patrón de lectura del lector podemos hablar de:

- **Lector de código de barra de una línea.** Para leer correctamente el código, el rayo láser cruza el código de barras de forma perpendicular de lado a lado.

- **Lector de código de barras omnidireccional.** En este caso el código de barras puede ser escaneado desde cualquier posición, ya que el lector genera varios rayos láser en diferentes direcciones.

  Existen en el mercado lectores que permiten las dos opciones con un simple cambio de patrón.

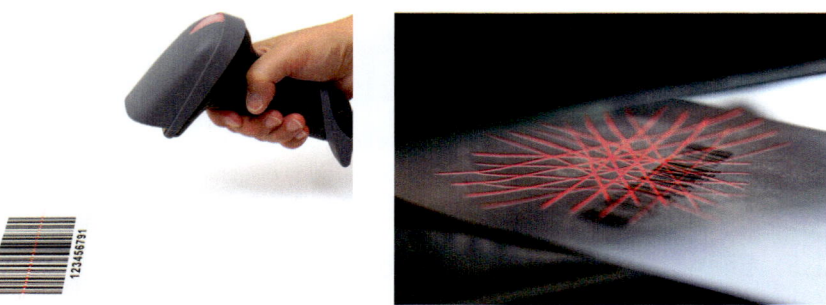

Figura 1.41. Lector de código de barras de una línea (izquierda).
Figura 1.42. Un lector de código de barras omnidireccional permite la lectura cualquiera que sea la orientación del código (derecha).

- **Lector de código 1D o 2D.** Por medio de una fila de ledes, que emiten múltiples fuentes de luz, se ilumina el código y, mediante un dispositivo similar al de una cámara digital, lo fotografía y decodifica. Permite tanto la lectura omnidireccional de códigos de barras como de códigos bidimensionales.

Según la forma de utilización:

- **Lectores fijos.** Se encuentran fijos a una superficie o una base. Realizan la lectura de códigos sin necesidad de levantarlos. Son lectores que permiten mantener las manos libres.

- **Lectores manuales.** Se deben utilizar manualmente para poder leer los códigos.

- **Lectores mixtos.** Existen lectores que se encuentran fijos a una superficie o una base, pero que también pueden ser levantados para utilizarlos manualmente.

Figura 1.43. Lector fijo. Figura 1.44. Lector manual. Figura 1.45. Lector mixto.

Son habituales en pasillos, lineal o paredes de las grandes superficies los **verificadores de precios** que, con solo pasar el código de barras por un lector, permiten a clientes obtener al instante información sobre una determinada referencia. Deben contar con los componentes necesarios (rúters, *switches,* cableado red) que permitan establecer la comunicación con el sistema que contiene base de datos actualizada.

Figuras 1.46 y 1.47. Los verificadores de precios implantados en puntos de venta ofrecen al cliente independencia y rapidez para realizar consultas sobre precios actualizados de sus productos.

1.6. Otras funciones auxiliares del TPV

Además de las funciones básicas, el TPV podrá contar con módulos que permitan acceder a funcionalidades más específicas. Existen terminales que ofrecen la posibilidad del envío de facturas vía *e-mail,* gestionar bases de datos de clientes y proveedores, generar informes de actividad, establecer precios especiales por tipos de clientes, generar vales canjeables, etc.

Informatizar el establecimiento a través del TPV permitirá tener acceso a información en cualquier momento y desde cualquier lugar que el usuario precise.

Se puede extraer un informe completo de los movimientos que se han producido en cada una de las distintas cajas creadas. Es habitual la extracción de informes y gráficas sobre ventas diarias, ventas por referencias o empleados.

Conocer los productos que mayores márgenes aportan, referencias, categorías o fabricantes más vendidos, clientes que más compran ayudará a conocer mejor el negocio. De esta manera, se podrán tomar mejores decisiones en cuanto a gestión del surtido e implantación en el punto de venta.

Figura 1.48. Tipos de informes generados.

Es habitual que el *software* del TPV utilice el historial de compras de clientes para ofrecerles una atención más personalizada. Desde el terminal podemos configurar precios y promociones diferenciadas por tipos de clientes. Además, podremos añadir puntos a las tarjetas de fidelización que posteriormente serán canjeados por regalos.

Para algunos establecimientos será muy útil el módulo que permita la conexión del TPV con la tienda *online*. De esta forma, la actualización de referencias en la web, así como la gestión de las ventas *online,* podrá realizarse directamente desde el terminal.

Otra función habitual que permite un *software* del TPV es la configuración de las distintas modalidades de pago. De todas las posibles, las más habituales son el pago en efectivo y a través de tarjeta bancaria.

Por otro lado, hay que considerar que existen diversos servicios de cobro más específicos que pueden ser gestionados desde el terminal:

Servicio *tax free*

El servicio *tax free* facilita la devolución del IVA a los clientes no residentes en la Unión Europea, Canarias, Ceuta o Melilla que hayan efectuado compras de bienes para el consumo fuera de la UE. El sistema *tax free* supondrá una rebaja adicional en el precio de los productos que se exportan en un periodo menor de 90 días. Por tanto, no se podrá solicitar la devolución del impuesto de facturas que hagan referencia a productos o servicios consumibles parcial o totalmente en nuestro país como hoteles o restaurantes.

Figura 1.49. Al adquirir un producto en Europa, se debe abonar el IVA. Todos aquellos consumidores no residentes en la UE tendrán derecho al rembolso de este impuesto.

Servicio multidivisa

El servicio multidivisa permite ofrecer a clientes extranjeros la posibilidad de pagar en su propia moneda. De esta forma, el titular de la tarjeta podrá conocer en el mismo momento de la compra el importe exacto, en euros y en su divisa de origen, que finalmente le cargará su entidad. El establecimiento cobrará en euros.

Este servicio es gratuito y está especialmente indicado para comercios con un gran número de clientes extranjeros.

Servicio firma digital

El servicio de firma digital permite la creación del justificante de la venta y la captura electrónica de la firma manuscrita del titular de la tarjeta. Sustituye la firma en la factura simplificada por una firma en la pantalla del TPV.

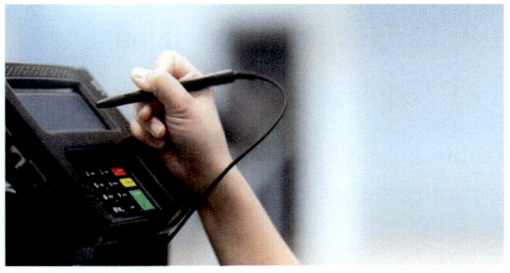

Figura 1.50. Gracias a la tecnología de sensor de la pluma electrónica, el dispositivo recoge de forma clara la firma ológrafa.

Servicio de pago fraccionado

Gracias al servicio de pago fraccionado, los comercios podrán elegir la opción de fraccionar las ventas a 3, 6 o 12 meses, etc., con o sin coste/comisiones para sus clientes.

Para facilitar la gestión del servicio, la opción de fraccionar el pago se mostrará automáticamente en el momento de realizar el pago, en la pantalla del TPV.

Los pasos son:

1 **Importe**
El cliente para fraccionar la compra deberá iniciar el pago con su tarjeta de crédito personal activada por su banco para este servicio.

2 **Teclear pin**
Tras teclear el PIN, se seguirán las indicaciones del TPV. Los clientes podrán optar por pagar el importe total o fraccionar el pago.

3 **Modalidad de fraccionamiento**
Si la opción de pago elegida es a plazos, el TPV permitirá elegir cómo se desea fraccionar el pago: 3, 6, 9 o 12 meses.

4 **Aceptación transacción**
Por último, se confirma la operación. El cliente podrá consultar, en el terminal, el importe de las cuotas resultantes.

Figura 1.51. Pasos fraccionamiento del pago desde el terminal.

Servicio de propinas

El servicio de propinas está pensado para comercios en los que es habitual dejar propinas, ya que permite realizar el pago y a la vez abonar la propina correspondiente con tarjeta.

1.7. Lenguajes comerciales

1.7.1. Codificación de la mercancía

Codificar es sinónimo de orden y control. Disponer de todas las referencias identificadas es fundamental para controlar y gestionar el surtido en el punto de venta.

Un **código SKU**[12] identifica un producto concreto que está a la venta. Identifica la unidad de venta más pequeña.

Este sistema de codificación interno, no estandarizado, permitirá identificar un gran número de referencias que difieren en pequeños detalles. Los parámetros sobre los que se crea el código son definidos a partir de los atributos de la referencia. Esto hace que cada combinación características dé lugar a un SKU diferente.

---

[12] *Stock Keeping Unit.*

Categoría	Año	Colección	Modelo	Rojo	Talla	Código SKU
👕	2023	Verano	0137	Rojo	XS	23ca0137xsR
👖	2023	Verano	3234	Verde	L	23pa3234lV
👕	2023	Verano	0139	Azul	M	23ca0139mA

Figura 1.52. Ejemplos de SKU creados por un determinado establecimiento del sector textil.

Los códigos SKU son uno de los elementos fundamentales para llevar el control y gestionar el stock en el almacén.

- Identifican la unidad de venta más pequeña.

- Código alfanumérico. Normalmente, a partir de él se puede deducir a qué producto se refiere, aunque también los hay generados automáticamente que no son tan intuitivos.

- Al representar la unidad almacenada más al detalle, el *Stock Keeping Unit* permite lograr una mayor precisión en el inventario disponible en el almacén y una mejor trazabilidad de las referencias en distintas etapas de la cadena de suministro.

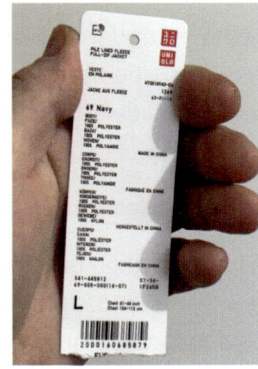

Figura 1.53. El SKU es el número de referencia único de un producto, tal y como aparece registrado en el sistema de la empresa.

Por otro lado, existen unos estándares que permiten que los interlocutores de la cadena de suministro se comuniquen utilizando un lenguaje común. Este lenguaje se le conoce como los **estándares GS1.**

GS1 es una organización mundial privada dedicada a la elaboración y aplicación de soluciones que tienen como objetivo mejorar la eficiencia y trazabilidad a lo largo de las cadenas de abastecimiento. Integrada por empresas privadas de distintos países, GS1 instaura un sistema de normas ampliamente utilizado en el mundo.

El sistema GS1 es un sistema de estándares globales que permiten la identificación de productos, empresas y unidades logísticas. Las empresas que desean utilizar el sistema GS1 deben adherirse a través de una organización miembro. La AECOC[13] es la representante en España de GS1.

Figura 1.54 y 1.55. Gracias a los estándares GS1, las compañías pueden hablar el mismo lenguaje, esto facilita la visibilidad en una cadena de suministro mucho más eficiente.

El sistema estándar GS1 de identificación, captura y transmisión de datos mediante códigos de barras supone una herramienta básica para que los interlocutores de la cadena puedan operar logística y comercialmente.

Códigos de barras unidimensionales

Mediante un código unidimensional se puede representar la información asociada a un producto, agrupación o unidad logística, de tal forma que los lectores ópticos puedan capturar los datos automáticamente.

Los códigos de barras unidimensionales constan de dos partes diferenciadas:

- **Código.** Serie de caracteres numéricos o alfanuméricos asignados a una unidad.

- **Símbolo.** Secuencia de barras verticales y paralelas de diferente amplitud y separación que contienen información codificada conforme a unas reglas.

Figura 1.56. Código de barras unidimensional. GTIN-14.

---

[13] Asociación Española de Codificación Comercial.

Los estándares GS1 de codificación se basan en el principio de *no ambigüedad* que establece que cada variante de elemento codificado debe tener un código único que lo identifique.

Figura 1.57. Dos unidades comerciales distintas no pueden identificarse con el mismo código GTIN y una misma unidad no puede identificarse con más de un GTIN.

El código que va a identificar los diferentes formatos y agrupaciones de unidades comerciales es conocido como **código GTIN**[14]. El responsable de asignar el código GTIN a un producto es el propietario de la marca comercial del mismo.

Entre los sistemas de codificación habituales implantados según el estándar internacional gestionado por AECOC/GS1 están:

Sistema de codificación GTIN-13. Identifica unidades de consumo cuyo destino es el punto de venta. No incluye información adicional sobre características del producto.

Un código GTIN-13 consta de:

- **Prefijo GS1** asignado por GS1 a cada país. El asignado a AECOC (GS1 España) es el 84. Todas las empresas que forman parte del sistema GS1 a través de AECOC codifican sus artículos con el 84 como primeras cifras. Esto no significa necesariamente que el artículo haya sido fabricado en España.

- **Prefijo de empresa GS1.** En el caso de España, será AECOC la que asigne a cada una de las empresas registradas un número de entre 5 y 8 dígitos. Este número precedido del prefijo GS1 formará el «código de empresa», que servirá para identificar de forma única y exclusiva al propietario de la marca.

- **Código de producto.** El propietario de la marca dispone de una serie de dígitos en blanco para asignar a cada una de sus referencias. Dependiendo del número de dígitos que tenga el prefijo GS1 de empresa, la organización podrá disponer de más o menos posiciones para codificar sus productos.

---

[14] *Global Trade Item Number.*

- **C.** El último dígito que compone un código es el dígito de control. A través de un sencillo algoritmo matemático realizado con los 12 primeros dígitos se calcula el dígito de control que dará lugar a la última posición.

El cálculo correcto del dígito de control libera al código de barras de cualquier error de impresión en el momento de su lectura.

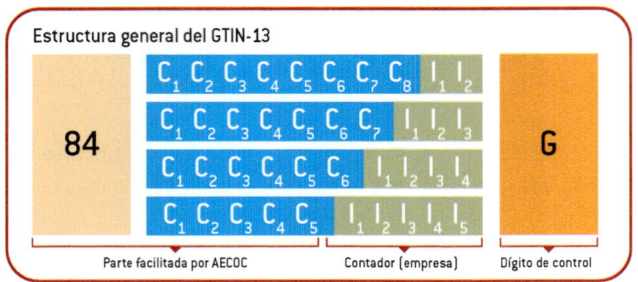

Figura 1.58. Estructura GTIN-13. *Fuente:* AECOC.

Procedimiento de cálculo dígito de control

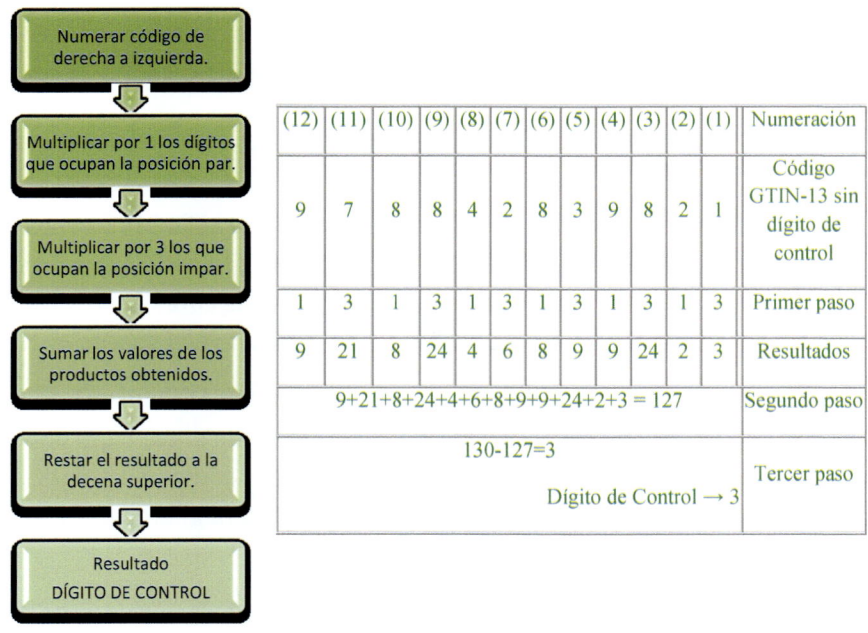

(12)	(11)	(10)	(9)	(8)	(7)	(6)	(5)	(4)	(3)	(2)	(1)	Numeración
9	7	8	8	4	2	8	3	9	8	2	1	Código GTIN-13 sin dígito de control
1	3	1	3	1	3	1	3	1	3	1	3	Primer paso
9	21	8	24	4	6	8	9	9	24	2	3	Resultados
9+21+8+24+4+6+8+9+9+24+2+3 = 127												Segundo paso
130-127=3 Dígito de Control → 3												Tercer paso

Pasos del diagrama de flujo:
- Numerar código de derecha a izquierda.
- Multiplicar por 1 los dígitos que ocupan la posición par.
- Multiplicar por 3 los que ocupan la posición impar.
- Sumar los valores de los productos obtenidos.
- Restar el resultado a la decena superior.
- Resultado DÍGITO DE CONTROL

Figura 1.59. Pasos para cálculo del dígito de control.

El cambio de una característica de la referencia puede llevar consigo el cambio del código GTIN, sin embargo, existen otros motivos que no requieren una variación del código.

Cambio GTIN

- Cambios de atributos como tallas, colores, aromas, etc.

- Cambio, superior a un 20 %, en las dimensiones del envase, aunque no exista cambio del contenido.

- Que el producto se distribuya en otro idioma diferente.

- Cambios en el nombre de producto o marca.

- Cambio en el mensaje del *packaging*.

- En el caso de frutas y hortalizas, siempre que cambien atributos como especie, variedad, calibre, categoría y formato.

- En el caso de pescados y mariscos, siempre que cambien alguno de los siguientes atributos: especie, zona de captura, arte de pesca y presentación.

- Reducción en el precio indicada en el envase.

- Producto adicional.

No cambio GTIN

- Cuando el etiquetado del envase con varios idiomas: agrega otro adicional.

- Cambios menores en la información de la etiqueta que no modifiquen el mensaje ni las características del producto.

- Si el producto se fabrica en diferentes lugares.

- Cambios puramente estéticos, que no afectan al nombre de la marca, descripción del producto, ni a ninguna dimensión logística.

- Cuando un producto incluye un cupón promocional en el interior.

- En el caso de regalo directo en el que el artículo que se regala no esté retractilado junto al original. Si está retractilado junto con el producto principal, dependerá del cambio sufrido en las dimensiones:

    · Más de 20 % → cambio de GTIN.

    · Menos de 20 % → no cambio de GTIN.

El uso del sistema de codificación **GTIN-8** se limita a los artículos en los que, por espacio, no se puede incluir un GTIN-13. El GTIN-8 identifica unidades comerciales de reducidas dimensiones destinadas al punto de venta detallista.

Está compuesto por ocho posiciones que identifican el prefijo del país, empresa y el del producto. El último dígito será el de control. Se obtiene siguiendo el mismo modelo de algoritmo explicado para el GTIN-13.

El **código de barras GS1 DataBar** consiste en una simbología lineal, conocida antiguamente como RSS[15], de tamaño más reducido que la simbología GTIN. Facilita añadir información adicional al código de identificación de una unidad comercial destinada al punto de venta detallista.

Esta simbología se aplica en cuatro áreas:

- Productos frescos. Permite añadir información sobre la trazabilidad del producto como fechas de consumo preferente y caducidad, número de lote, etc. Se busca con ello aumentar la seguridad alimentaria.

- Productos de peso variable. Permite gestionar el peso neto del producto en el punto de venta además de añadir información sobre la trazabilidad de la referencia.

- Productos de reducidas dimensiones o difíciles de marcar.

- Cupones promocionales. Permite añadir información relativa al cupón.

(01)673215498066021108

Figura 1.60. El GS1 DataBar permite la asignación de códigos internos a productos de peso variable. (izquierda). **Figura 1.61**. DataBar permite la incorporación de más información en menos espacio (derecha arriba). **Figura 1.62**. La codificación de los cupones facilita la gestión de este tipo de técnicas promocionales (derecha abajo).

Para codificar agrupaciones se utiliza el **GTIN-14.**

Se crea sobre el GTIN-13 de la unidad de consumo contenida. A este GTIN-13 le quitamos el dígito de control y le añadimos delante una variable logística según estándares establecidos por AECOC. Utilizando el mismo algoritmo establecido para el GTIN-13, se recalcula el nuevo dígito de control.

---

[15] *Reduced Space Symbology.*

El **GS1-128** es un sistema estándar de código de barras que se utiliza para la identificación mercancías en entornos logísticos. Mediante identificadores de aplicación (IA) se añaden características al producto identificado (código de la agrupación, cantidad, número de lote, fecha de fabricación, de envasado, de consumo preferente, peso neto, peso bruto, número de serie, etc.). Los IA facilitan codificar de una forma estandarizada toda la información que se va a plasmar en la etiqueta. Se trata de unos prefijos numéricos, reflejados entre paréntesis, de dos o más dígitos que identifican el tipo y formato de los datos que se detallan a continuación.

(01)08456789567807(15)080423(10)89B23

IA	Datos	IA	Datos	IA	Datos
01	08456789567807	15	080423	10	89B23
	Agrupación GTIN-14		Fecha consumo preferente		N.º lote

Figura 1.63. Etiqueta GS1-128. Una de las principales características de estos identificadores es la concatenabilidad, es decir, la posibilidad de unir diversas informaciones en un solo código de barras o símbolo. *Fuente:* AECOC.

El código seriado de la unidad de envío, **SSCC**[16], es un código clave para garantizar la trazabilidad, ya que identifica las unidades logísticas, es decir, cualquier unidad de transporte o almacenamiento. Puede ser codificado en un código de barras, generalmente un GS1-128, o con etiqueta EPC/RFID, garantizando que la unidad logística pueda ser identificada a lo largo de los diferentes eslabones de la cadena.

Permite conocer de forma individual todos los datos de un envío, así como el contenido exacto de la unidad de carga.

Este identificador permite a las empresas realizar un seguimiento.

Se tienden a mezclar los conceptos SSCC y GS1-128, dos estándares de la organización GS1. GS1-128 es un estándar internacional de código de barras muy común en logística que engloba una amplia variedad de información, entre ella el código SSCC.

---

[16] *Serial Shipping Container Code.*

Códigos de barras bidimensionales

Los códigos 2D son un sistema industrial de codificación que permite la generación de un gran volumen de información en un formato muy reducido. Se trata de sistemas de códigos de barras que permiten almacenar gran cantidad de información en una matriz de puntos. A mayor número de puntos, mayor será el volumen de información que almacena.

Un **Código QR**[17] seidentifica por su forma cuadrada y los tres cuadrados situados en las dos esquinas superiores y la inferior izquierda. Hoy en día los usuarios tienen un acceso permanente a dispositivos, como *smartphones* o tabletas, que gracias a una *app* son capaces de escanear imágenes y descifrar el código en busca del contenido que se oculta tras él.

Son infinitas las aplicaciones que se dan a este tipo de códigos. Las empresas los utilizan, sobre todo, con fines publicitarios y promocionales. A través de ellos, se posibilita un redireccionamiento hacia:

- Un enlace web con información adicional del texto o publicidad en el que está incrustado.
- Información extra sobre sus productos o servicios.
- Tarjeta de presentación virtual del punto de venta.
- Redes sociales de la empresa.
- Archivo listo para ser descargado (contenido multimedia, pdf cupón descuento, aplicaciones etc.).
- Contacto de compañía o *call center.* Facilita hacer una llamada de teléfono.
- Juegos con los que se entretiene a los consumidores en su tiempo de espera por un servicio.
- Información de inventario.
- Acceso a un enlace para efectuar un pago.
- Etcétera.

Figuras 1.64, 1.65 y 1.66. Los Los QR son una herramienta muy útil para cualquier tipo de negocio, ya que permiten ofrecer información las 24 horas sin necesidad de que esta esté impresa.

---

[17] *Quick Response Barcode.*

Son muchas las ventajas que aporta este sistema de codificación:

- Al ser códigos bidimensionales aportan una mayor capacidad para almacenar información. En este sentido, tienen mucho más potencial que los códigos de barras tradicionales.

- Se pueden insertar en envases de pequeño tamaño donde un código de barras lineal no podría aparecer.

- Cada vez más la tecnología de los códigos QR es utilizada en las acciones promocionales que llevan a cabo las empresas.

Figura 1.67. Fabricantes y distribuidores utilizan códigos QR como herramienta de promociones descargables (izquierda). **Figura 1.68**. Las lecturas siguen siendo secuenciales y lentas. Es necesario que exista un contacto visual del código orientado al lector (derecha).

- Los códigos QR tiene la capacidad de poder ser decodificado en casos de deterioro. Los datos son redundantes dentro del código, de manera que si el código se deteriora, se podrá seguir leyendo sin problemas.

- Puede ser emplazado en prácticamente cualquier soporte: packaging del producto, materiales impresos, vallas publicitarias, Internet, etiquetas, etc.

Es necesario colocar el producto de una manera correcta antes de utilizar el lector.

GS1 DataMatrix es la única simbología 2D aceptada internacionalmente por GS1 como estándar de identificación.

El GS1 DataMatrix es un sistema estándar de identificación que, mediante una matriz binaria, permite la identificación de productos tanto en un entorno industrial como en el sector servicios. Debe ser leído por lectores bidimensionales o por cámaras que capten la imagen.

Esta simbología, que representa la información en una matriz de puntos y no a través de barras, aporta las siguientes ventajas:

- Almacena más cantidad de información.

- Fácilmente legibles incluso cuando se imprimen en pequeñas dimensiones.

- Almacena los datos de forma redundante, esto facilita la decodificación en caso de estar defectuoso.

1.7.2. Transmisión electrónica de datos (sistema EDI u otros)

La **tecnología EPC/RFID** permite la identificación automática y el seguimiento de un artículo a lo largo de toda la cadena de suministro. Se basa en un sistema de almacenamiento y recuperación de datos remoto a través de ondas de radiofrecuencia. El sistema consta de:

- Etiqueta o tag. Dispositivo compuesto de una antena y un chip que permite el almacenamiento de un código identificador único de producto, EPC[18] y otros datos. Se adhieren a los objetos y la información puede ser leída o escrita. Las etiquetas pueden ser:

  · Pasivas: son de menor coste. Cuentan con una antena que recibe pasivamente la energía que recibe del lector y de esta forma puede transmitir la información que reside en estas etiquetas. Alcance muy limitado.

  · Activas: tienen una batería incluida que les permite tener más vida útil. Tienen un mayor alcance, permiten emitir a decenas de metros, pueden almacenar más información. Son más costosas, pero son reutilizables.

Figura 1.69. Antena y chip de etiqueta RFID.

---

[18] *Electronic Product Code.*

- Lector que es colocado en puntos estratégicos. Este, a través de un campo de radiofrecuencia, captura la información de las etiquetas y la procesa digitalmente hacia los sistemas de información para su tratamiento.

- *Middleware* o *software* que recoge esa información.

- La red EPC Global combina dos tecnologías, RFID e Internet. Permite la identificación automática, en tiempo real, de cualquier producto con EPC por parte de los agentes de la cadena de suministro.

Figura 1.70. La tecnología EPC/RFID permite la identificación automática, sin que exista una necesidad de visibilidad directa del lector hacia la etiqueta.

Desde hace ya varios años, se ha percibido en el sector del comercio un verdadero desarrollo en la transmisión electrónica de información. El **sistema EDI,** *Electronic Data Interchange,* hace referencia a la transmisión estructurada por medios electrónicos de datos entre los agentes de una transacción comercial. Este intercambio de datos se realiza utilizando una estructura específica y un lenguaje común. La AECOC regula el estándar EDI del sector de distribución.

Una empresa que quiera enviar o recibir documentos a través de EDI deberá contar con un *software* EDI capaz de interpretar los datos. Cada una de las empresas implicadas en una comunicación EDI deberá estar identificada mediante un código específico llamado «punto operacional» o GLN[19].

El EDI permite a cualquier intermediario implicado en la cadena de suministro transmitir automáticamente información del negocio (órdenes de compra, facturas, notificaciones de pagos, del nivel de inventario, etc.) reduciendo así significativamente el coste y aumentando la fiabilidad en el intercambio de datos.

---

[19] *Global Location Number.*

Gracias al recorte de gastos para el establecimiento, la agilidad en la tramitación, el ahorro de espacio dedicado al archivo y la seguridad, el sistema EDI ha beneficiado al sector del retail (comercio al por menor).

Entre los beneficios que aporta EDI se encuentran:

- Ahorros en costes por la eliminación del papel.

- Mayor productividad del personal antes dedicado a la introducción de datos.

- Transmisión de datos más eficiente.

- Simplificación del funcionamiento al normalizarse las transacciones.

- Disminución de gastos de tratamiento y transmisión de datos en una transacción comercial.

- Reducción del periodo de pago/cobro.

- Etcétera.

1.8. Descuentos, promociones, vales en el TPV

Las promociones son incentivos económicos o materiales que fabricantes o distribuidores ofrecen durante un periodo limitado de tiempo. Estas estrategias de marketing se implementan y visualizan directamente en el lugar en el que los consumidores suelen tomar decisiones de compra.

Son muchos los objetivos que puede buscar una promoción. Por ello, la tipología de promociones es muy variada. La empresa debe poner en marcha aquellas que sean coherentes con su política de marketing y que le permitan alcanzar los objetivos buscados: estimular ventas, aumentar visibilidad, conseguir afluencia de público, dar a conocer un nuevo producto, etc.

Figura 1.71. Técnicas promocionales.

Aunque cada vez más se ponen en marcha nuevas y originales técnicas promocionales, describimos de forma general la mecánica de algunas de las más habituales:

- **Descuentos:** suponen la reducción del precio del producto a un precio de venta inferior al habitual.

- **Precio por paquete:** consiste en la venta simultánea de dos o más productos a un precio global inferior a la suma de sus precios individuales.

- **Muestra:** entrega gratuita de producto con el fin de facilitar la prueba. Contiene la cantidad necesaria para un único uso.

- **Vales de descuento inmediato o diferido:** ofrecen un incentivo, de precio o en especie, una vez haya sido redimido el cupón promocional en el punto de venta por un consumidor. El detallista por su parte lo presenta al fabricante, que le paga su valor más un plus por la gestión realizada. La liquidación de la promoción es larga, ya que el distribuidor tarda en recoger y enviar al fabricante la totalidad de los vales.

El cupón es el vehículo que soporta una determinada promoción. Dentro de las características que deben reunir los cupones descuento están:

- Tener un tamaño adecuado para la manipulación y manejo por parte de los detallistas.

- Indicar claramente las condiciones de uso.

- En el caso de cupones inmediatos, el medio en el que se insertan debe estar acorde con la imagen de la empresa.

- Estar codificado para su tratamiento administrativo y evitar falsificaciones.

El código del cupón se genera en función del mercado al que va dirigido. A nivel europeo, se pueden dar dos situaciones:

- Cupón válido para el territorio nacional.

  Si se va a promocionar una unidad comercial en el ámbito nacional, hay que generar un código de cupón a partir del código GTIN-13 de dicha unidad.

Los pasos que se deben seguir son los siguientes:

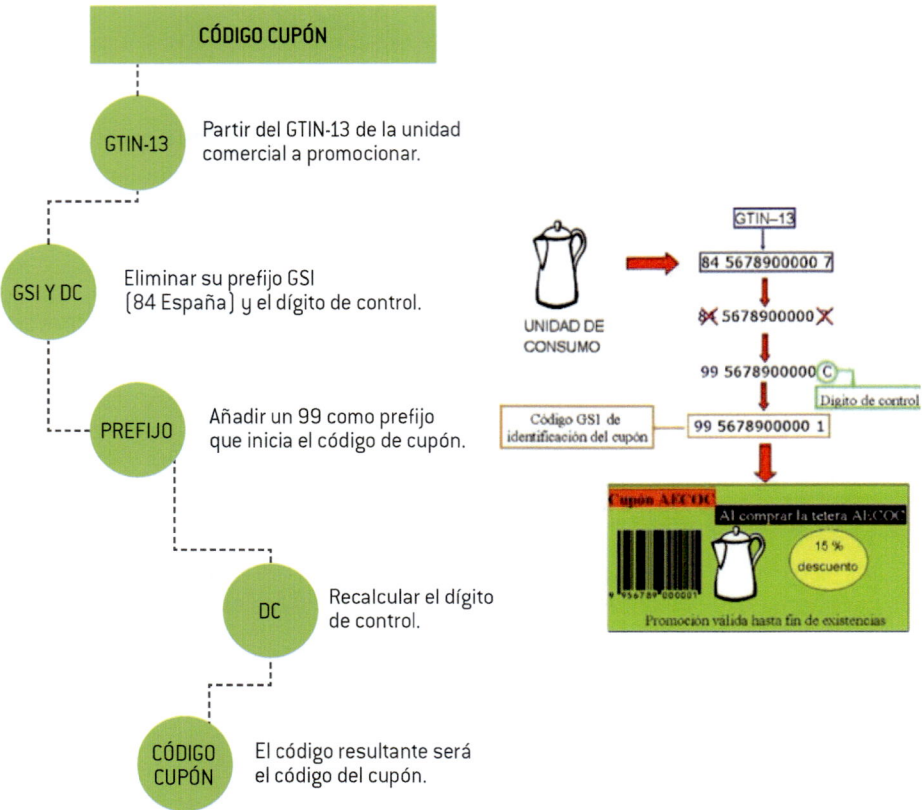

Figura 1.72. Pasos para la obtención de un código de cupón a partir de un GTIN-13 de una unidad comercial. *Fuente:* AECOC.

· Cupón válido en la zona euro.

Si se desea lanzar un cupón descuento válido para cualquier país de la zona euro, la empresa tendrá que solicitar un prefijo de código de cupón. Con este prefijo, podrá generar hasta cien códigos diferentes. Un cupón destinado a la eurozona es fácilmente identificable porque su inicio se realiza con los siguientes prefijos GS1: 981, 982 o 983, en función del tipo de cupón que la empresa emisora solicite.

• **Reembolso diferido:** consiste en el abono por parte del fabricante de una cantidad una vez que el cliente haya adquirido el producto y entregado una prueba de compra. Podría ser considerado como un descuento diferido.

- **Sistemas de puntos y colecciones:** se generan por la acumulación de puntos que figuran en los envases del producto. El consumidor podrá conseguir con ellos descuentos o regalos.

- **Concurso:** pone a prueba la habilidad del participante. Los clientes compiten para obtener los premios ofertados. Los consiguen aquellos que obtienen los mejores resultados.

- **Juego:** el azar escoge al ganador. La mecánica de la técnica promocional es más simple. El grado de competición entre los participantes es menos dramático.

Los programas de gestión del TPV incorporan módulos que facilitan la gestión de las promociones que el establecimiento ofrece. Desde ellos se podrán crear, administrar, editar y eliminar estas especificando el filtro temporal durante el cual la promoción estará vigente.

Figura 1.73. Implementación de la promoción en el programa de gestión.

Un tipo de promoción habitual son los cupones de promoción dirigidos a clientes que cumplan con determinados requisitos.

Desde un *software* de gestión del TPV se puede activar la emisión de estos vales promocionales canjeables. En la lista de promociones se da de alta el cupón asignándole un nombre y un código. A la hora de editar la promoción en el TPV, se deberán incluir todos los aspectos que la definen: incentivo, duración, ámbito de aplicación, requisitos, etc.

Durante el proceso de cobro se podrá aplicar la promoción mediante la elección de la forma de pago correspondiente y la lectura del código identificativo del cupón. Será interesante implementar una funcionalidad para la consulta del estado del vale: emitido, utilizado o caducado.

1.9. Utilización del TPV (terminal punto de venta)

Para la puesta en funcionamiento del TPV, es requisito indispensable instalar el programa de gestión. A través de una descarga, un asistente indicará las instrucciones de instalación. En este proceso, la personalización es clave para sacar un mayor rendimiento al sistema. En ocasiones, los proveedores ofrecen un servicio de asistencia remota que tendrá como finalidad la instalación del *software* o asistencia técnica. El único requisito será el de disponer de una conexión a Internet.

Para comenzar a sacar utilidad al TPV, es necesario seleccionar las opciones que por defecto va a contener. Para la configuración de estas, se completará un formulario de instalación en el que se añadirá información tipo a la detallada a continuación:

- **Datos generales de la empresa/datos específicos del establecimiento** que aparecerán en los documentos generados por el terminal. Los datos generales de la empresa y los propios del establecimiento aparecerán normalmente en la cabecera o encabezado de la factura simplificada. Teléfono de contacto, agradecimiento o identificación del vendedor suele ser información que aparece en el pie del documento.

- **Opciones que por defecto manejará el TPV.** Tarifa que se aplicará (generalmente tarifa con IVA incluido), moneda, almacén donde se irá descontando la mercancía vendida, automatización del informe de arqueo, ubicación de archivo de los documentos generados por el terminal, descuento o redondeo en el importe de la factura, posibilidad de ventas a crédito, cambios de turno automático, opciones que tendrán las tarjetas regalo y fidelización, condiciones de utilización de los vales etcétera.

SCALPERS

SCALPERS FASHION, S.L. CIF: B91304501. Parque Científico y Tecnológico(PCT) Cartuja. Pabellón de italia C/ Isaac Newton s/n. 6ª planta. Ascensor SO. 41092 -Sevilla, España.

T066/CASTELLANA 200 STORE
Paseo de la Castellana, 196-204, Local 2, CC Castellana 200
Madrid
28046
www.scalperscompany.com
914218837

GARANTÍA COMERCIAL

SCALPERS FASHION S.L., ACEPTA EL CAMBIO O DEVOLUCIÓN DE SUS PRODUCTOS EN UN PLAZO MÁXIMO DE 30 DÍAS NATURALES DESDE LA FECHA DE COMPRA, SIEMPRE QUE ÉSTOS NO HAYAN SIDO USADOS. EL IMPORTE DE LOS ARTÍCULOS SE DEVOLVERÁ EN LA MISMA FORMA DE PAGO EN LA QUE HAYAN SIDO ABONADOS, EXCEPTO LAS COMPRAS REALIZADAS EN OUTLETS, QUE SERÁN DEVUELTAS EN VALE. PARA ELLO SERÁ IMPRESCINDIBLE LA PRESENTACIÓN DEL TICKET ORIGINAL DE COMPRA. CUANDO EL ÚNICO DOCUMENTO QUE SE PRESENTA PARA UNA DEVOLUCIÓN SEA EL TICKET REGALO, SE ENTREGARÁ UN VALE.

NO SE ADMITIRÁN CAMBIOS O DEVOLUCIONES DE LOS ARTÍCULOS EN UN PAÍS DIFERENTE AL DE LA COMPRA, COMPRADOS EN NUESTROS PUNTOS DE VENTA DE EL CORTE INGLÉS O OUTLETS, LOS ARTÍCULOS DE ROPA INTERIOR COMO BOXERS Y CALCETINES, ARTÍCULOS DE CEREMONIA, MASCARILLAS, LOS MODIFICADOS A PETICIÓN DEL CLIENTE Y LOS ARTÍCULOS SIN EL PACKAGING CORRESPONDIENTE. EL PRODUCTO DEBERÁ ESTAR SIN UTILIZAR Y EN PERFECTS CONDICIONES, INCLUYENDO ACCESORIOS, EMBALAJE ORIGINAL Y EL PRECINTO DE SEGURIDAD SIN MANIPULAR.

SI EL ARTÍCULO COMPRADO ES UNA TARJETA REGALO ES NECESARIO CONSULTAR LAS CONDICIONES GENERALES APLICABLES A LA MISMA.

ESTA GARANTÍA ES ADICIONAL Y NO AFECTA A LOS DERECHOS LEGALES Y GARANTÍAS RECONOCIDAS AL CONSUMIDOR O USUARIO POR LA LEGISLACIÓN VIGENTE.

SCALPERS FASHION S.L.

Figura 1.74. Los datos generales de la empresa y los propios del establecimiento aparecerán normalmente en la cabecera o encabezado de la factura simplificada (izquierda). **Figura 1.75.** Agradecimiento, identificación del vendedor o condiciones de devolución es información que aparece en el pie y reverso del documento (derecha).

A continuación se procederá a seguir con los pasos básicos de instalación o puesta en marcha del terminal que se basarán en:

- **Configurar e instalar los distintos dispositivos asociados al TPV:** impresora, visor de precios, cajón portamonedas, lector de códigos de barras, etcétera.

- **Creación de empresa:** al dar de alta la empresa, se deberán introducir los datos generales identificativos de esta, así como configuraciones específicas (IVA/IGIC).

- **Dar de alta un almacén, punto de venta o terminal** si se desea trabajar con varios. Asignaremos un código único para cada almacén, punto de venta o terminal.

  - Para poner en funcionamiento el TPV, se deberán dar de alta las diferentes cajas abiertas al público. Para ello, se asignará un código a cada caja y se seleccionará el establecimiento al que pertenecerá la misma. Por defecto la aplicación tendrá al menos una caja abierta.

  - Mediante la gestión centralizada, se podrá consultar información sobre ventas de los distintos establecimientos, modificar precios, definir tarifas o promociones diferenciadas por centros, controlar stock, etcétera.

  - Gracias al *Cloud Computing,* existirá la posibilidad de mantener en todo momento el stock actualizado con la finalidad de que los vendedores puedan consultar de forma rápida el informe de inventario de cualquier punto de venta.

Figura 1.76. La factura simplificada puede mostrar el número de caja o vendedor que la ha generado.

- **Asociar la caja al PC** con el que se trabaja.

- **Dar de alta dependientes:** la posibilidad de crear distintos perfiles por usuario aumentará la seguridad del comercio. Se podrán restringir los accesos a módulos y funcionalidades del sistema en función del empleado. Se asignarán a cada usuario los permisos y privilegios que requieran sus tareas. Estarán controlados por el administrador de la aplicación. Los programas de gestión pueden controlar en todo momento qué usuario accede al sistema, qué tareas realiza, desde qué lugar y en qué momento.

  Se podrá configurar el sistema estableciendo cambios de turno automáticos. Para que esta acción funcione, deberán, previamente, ser dados de alta los diferentes turnos con sus diferentes horarios. Los dependientes serán asignados a los turnos correspondientes. De forma automática el sistema del terminal irá cambiando los turnos con el fin de llevar un control más preciso de cada registro.

- **Dar de alta a clientes:** tener la posibilidad de registrar las características de los clientes permite aumentar las posibilidades de fidelización. La creación de grupos facilitará la aplicación de precios o descuentos específicos por categoría de clientes.

  A través del módulo de fidelización del *software* del terminal, resultará sencillo mejorar la relación con nuestros clientes. Su configuración permitirá:

  · Centralizar datos de clientes con el fin de que cualquier establecimiento de la cadena pueda acceder a ellos.

  · Establecer tarifas concretas o descuentos automáticos a clientes habituales.

- Gestionar tarjetas de fidelización de clientes.

  - Emitidas por los propios establecimientos comerciales no sirven como medio de pago.

  - Suelen ser tarjetas con banda magnética, códigos de barras o chip.

  - Cuentan con sistema de acumulación de puntos en función de las compras realizadas que se canjearán por productos, servicios, descuentos o bonificaciones en sucesivas adquisiciones. Son utilizadas con la finalidad de captar, retener clientes y fomentar su consumo.

  - Para una mayor seguridad, en ocasiones son personalizadas con la fotografía del cliente.

Figura 1.77. Las tarjetas de fidelización buscan, a través de la creación de una base de datos, mejorar la gestión de relaciones con los clientes.

Con un coste relativamente bajo, este tipo de tarjetas facilitan a las empresas la obtención de datos para su CRM[20]. Con estos programas de fidelización las compañías obtienen información relativa a hábitos de compra de sus clientes: gustos, periodicidad de compra, importe de cada operación, distancia con el establecimiento en el que opera respecto a su domicilio, etc. De esta forma, el establecimiento podrá lanzar mensajes y promociones personalizados por cliente consiguiendo así una correcta gestión de la fidelización.

- **Alta de proveedores:** registrar datos relevantes de cada proveedor permitirá realizar análisis periódicos para la toma de decisiones con el fin de mejorar el negocio en términos de rentabilidad, calidad y marketing.

- **Alta de artículos:** para ello es necesario establecer previamente la estructura del surtido creando las distintas secciones, categorías, familias, subfamilias, etcétera.

  A la hora de añadir cada una de las referencias clasificadas, se asignará la siguiente información:

  - Código del artículo.

  - Valor generado de forma automática por el programa (código interno).

  - Código de barras.

---

[20] *Customer Relationship Management.*

- Sección - familia - subfamilia. El producto quedará vinculado a una determinada categoría.

- Nombre descriptivo de la referencia.

- Variaciones de atributos del producto (tallas, colores, etc.).

- Imágenes. No es recomendable cargar imágenes de mucho peso, puesto que podrían ralentizar el rendimiento del programa.

- Proveedor/fabricante.

- PV y PVP[21]. Se podrán establecer diferentes tarifas según la tipología del cliente o las necesidades del negocio, como periodos de rebajas o promociones.

- Si el artículo tiene asignados vales o cupones promocionales, se deberán configurar las condiciones de redención del mismo.

Figura 1.78. Es habitual configurar una opción que permita que en el caso de que un artículo esté en promoción aparezca indicado en la factura simplificada. En este caso, podrá venir especificado el importe o porcentaje ahorrado gracias a la promoción.

- Precio de coste: las compras realizadas a proveedores pueden ir actualizando este dato.

- Datos sobre stock mínimo y máximo: establecer un valor de stock mínimo permitirá que el *software* lance una advertencia cuando las existencias sean inferiores al valor determinado.

- Información adicional sobre el artículo.

A la hora de definir productos, en ocasiones es necesario indicar que se trata de un producto combinado, es decir, compuesto por varias referencias. Ante una venta de este tipo, el programa deberá restar del stock las cantidades que salen de cada referencia que forma parte de la combinación.

- **Establecer las posibles formas de pago:** las más comunes son el pago en efectivo y mediante tarjeta bancaria. Los programas de gestión permiten otras modalidades de pago como la transferencia bancaria (Bizum), vale de compra, tarjeta regalo, pago combinado, etc. En ocasiones el *software* permite

---

[21] Precio de venta (antes de impuestos) Precio de venta público (con impuestos).

configurar la posibilidad de concesión de créditos a clientes. En estos casos existirá una funcionalidad de gestión de cobros que permita registrar las entregas a cuenta realizadas por los consumidores del producto o servicio.

Es muy habitual que en sus procesos de compra los clientes demanden un *ticket* o tarjeta regalo por valor de la compra. Por ello, los programas de gestión del TPV permitirán la impresión del *ticket* en el que no aparecerá ni el importe de los productos adquiridos ni el importe total.

Figura 1.79. *Tickets* regalo. Con el fin de evitar errores, las tarjetas o tiques regalo deben estar numerados o codificados.

- En algunas ocasiones es necesario **vincular el *software* del TPV con alguno de facturación**.

- Instalar módulo que permita mantener un **control exhaustivo de los artículos vendidos**. Por razones de posventa, en ocasiones es necesario llevar un registro del número de serie de cada uno de los artículos que se compran y se venden. Se podrá controlar así qué producto en concreto se ha enviado al cliente y en qué fecha. La finalidad será evitar falsificaciones y controlar los periodos de garantías.

  Relacionado con el control de inventarios, del que ya hablamos en puntos anteriores, hay que destacar que los programas de gestión suelen permitir la configuración de kits de productos compuestos por varias referencias. Esta función es muy útil, ya que permite realizar control de stock de manera que, cada vez que se realice la venta de un producto tipo kit, automáticamente se descontará del nivel de inventario el número de unidades que salen de cada referencia que compone el lote.

- **Módulo de alarmas:** el programa de gestión puede incorporar un sistema de alarmas, predefinidas o no, que permite alertar a los usuarios de la ocurrencia de un determinado evento (rotura de stock, notificación de un impagado, vencimiento de un cobro, etcétera).

- **Generar vales o cupones:** el terminal puede generar dos tipos de vales:

  · **Promocionales:** algunas cadenas de supermercados, a través de sus tarjetas de fidelización, obtienen información sobre gustos y preferencias de sus clientes. Este sistema permite conocer los hábitos de compra de su público. Con el registro de esta información, el *software* del terminal emite cupones descuento personalizados que el cliente podrá utilizar en sus posteriores visitas al establecimiento. El recibir importantes descuentos en sus productos favoritos aumenta las posibilidades de fidelización del cliente.

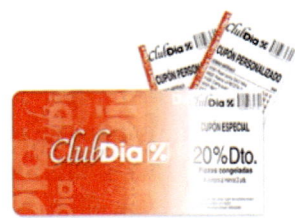

Figura 1.80. Las tarjetas de fidelización aportan al establecimiento información sobre hábitos de compras de sus clientes. Esto permite que, en su paso por caja, puedan obtener vales promocionales que los terminales generan de forma individualizada.

  · **De devolución:** los establecimientos no están obligados a aceptar devoluciones ante cambios de opinión del cliente. La ley solo obliga a admitir el artículo de vuelta, si este presenta algún tipo de defecto o tara. En el caso de compras a distancia, existe un periodo legal de desistimiento de 14 días.

  No obstante, es muy habitual que adopten políticas comerciales favorables al consumidor permitiendo la realización de devoluciones.

  En algunas ocasiones se producirá la devolución del dinero bajo la misma forma de pago utilizada en la compra. En otras, el establecimiento entregará una tarjeta o vale canjeable que podrá tener una duración limitada de tiempo.

Figura 1.81. Antes de comprar, es importante conocer la política comercial que sigue el establecimiento ante posibles devoluciones de compra. Ante una devolución algunos establecimientos optan por devolver el importe en una tarjeta o vale canjeable.

El programa de gestión del terminal permitirá la generación de vistas e informes en los que se detalle la información de todos los aspectos relativos a los vales generados con las ventas:

- Numeración del vale.

- Fecha creación.

- Fecha emisión. Turno. Vendedor. Número de caja.

- Tipo de vale.

- Texto del vale.

- Fecha utilización. Canjeado o no.

TEST

1.1. Los visores de operaciones digitales e impresoras aparecen con las primeras:

a. TPV.

b. Cajas electrónicas.

c. Cajas mecánicas.

d. Cajas eléctricas.

1.2. Para realizar un cobro con tarjeta bancaria en el domicilio de entrega de un determinado envío, se utilizará un datáfono:

a. ADSL

b. GPRS.

c. DECT.

d. RTB.

1.3. La tasa de descuento:

a. Influye en la tasa de intercambio.

b. Se ve influida por la tasa de intercambio.

c. La descuenta el banco emisor de la tarjeta del precio del producto.

d. Las respuestas a. y c. son correctas.

1.4. El TPV compacto:

a. Integra los periféricos en un solo dispositivo.

b. Requiere más mantenimiento que un TPV modular.

c. Es una solución más económica que el TPV modular.

d. Todas las respuestas son correctas.

1.5. Un lector de tarjetas *contactless:*

a. Realiza lecturas de datos almacenados en tarjetas bancarias EMV.

b. Facilita la realización de transacciones con una simple aproximación de la tarjeta al terminal.

c. Precisa de tarjetas compatibles con tecnología NFC.

d. Todas son correctas.

1.6. Las impresoras matriciales:

a. Son más rápidas que las térmicas.

b. Permiten la impresión de logos.

c. Permiten obtener copia del recibo mediante calco.

d. Todas las respuestas son correctas.

1.7. Un programa de gestión del TPV hecho a medida:

a. Suele ser más barato que un *software* comercial.

b. Está predefinido para un determinado sector.

c. Es específico para una única empresa.

d. Ninguna respuesta es correcta.

1.8. Las impresoras:

a. Matriciales utilizan una cinta de tinta.

b. Térmicas son las más lentas y económicas.

c. De tinta son las más habituales.

d. Todas las respuestas son ciertas.

1.9. Los lectores de tarjetas bancarias NFC son:

a. Lectores de tarjetas de banda magnética.

b. Lectores de tarjetas EMV.

c. Lectores biométricos de huella dactilar.

d. Lectores *contactless*.

1.10. Un lector de códigos de barras omnidireccional:

a. Genera varios rayos láser en diferentes direcciones.

b. No necesita que el lector visualice el código.

c. Es el único que permite el acceso a toda la información contenida en una base de datos.

d. Todas las respuestas son correctas.

1.11. Un turista estadounidense:

a. Podrá solicitar la devolución del IVA de la factura emitida por su hotel que asciende a 1700 €.

b. Podrá solicitar la devolución del IVA de la factura de 17 €, emitida por un establecimiento del sector de textil hace dos meses.

c. Podrá solicitar la devolución del IVA de la factura de 170 €, emitida por un establecimiento del sector de textil hace cuatro meses..

d. Todas las respuestas son correctas.

1.12. Un cambio de GTIN puede venir ocasionado por:

a. Aumento de la dimensión del envase superior al 20 %.

b. Incluir cupón promocional en el interior del envase.

c. Regalo directo no retractilado con el original.

d. Todas las respuestas son correctas.

1.13. Un código SKU:

a. Identifica una agrupación de referencias.

b. Es un sistema de codificación estandarizado que identifica una unidad de consumo cuyo destino es el punto de venta.

c. Es un código alfanumérico que identifica la unidad de venta más pequeña.

d. Identifica localizaciones de puntos de venta.

1.14. Los códigos de barras GS1 DataBar tienen su utilidad en:

a. Codificación de cupones promocionales.

b. Productos frescos.

c. Productos de peso variable.

d. Todas las respuestas son correctas.

1.15. Los códigos QR:

   a. Aportan una mayor capacidad de almacenamiento de información.

   b. Son utilizados por empresas con fines publicitarios y promocionales.

   c. Permiten la decodificación en casos de deterioro.

   d. Todas las respuestas son correctas.

1.16. Un TPV virtual:

   a. Solamente permite el cobro a través de tarjetas prepago o monedero.

   b. No genera coste alguno para el establecimiento.

   c. Permite el cobro de compras realizadas de forma *online*.

   d. Todas las respuestas son correctas.

1.17. Dentro de la normativa GS1, el principio de no ambigüedad hace referencia a:

   a. Cada artículo debe tener un código único que lo identifique.

   b. Dos unidades comerciales distintas no pueden identificarse con el mismo código GTIN.

   c. Una misma unidad no puede identificarse con más de un GTIN.

   d. Todas las respuestas son ciertas.

1.18. En el GTIN-13 el código de empresa:

   a. Servirá para identificar al distribuidor de la marca.

   b. En el caso de España, será el que asigne la AECOC a la empresa registrada.

   c. En el caso de España, será el que asigne la AECOC a la empresa registrada precedido del prefijo GS1 (país).

   d. Todas las respuestas son correctas.

1.19. No genera un cambio de GTIN:

   a. Cambios estéticos que no afectan al nombre, descripción ni dimensión logística del producto.

   b. Reducción en el precio indicado en el envase.

c. Producto adicional.

d. Regalo directo retractilado con el principal que genere un aumento de las dimensiones de más de un 20 %.

1.20. La tecnología RFID:

a. Precisa que exista una orientación directa del código al lector.

b. Captura la información contenida en un chip gracias a una antena y un lector de radiofrecuencia.

c. El EPC será el *software* que recoge esa información.

d. Todas las respuestas son correctas.

1.21. Operaciones con importe negativo generan:

a. Vales canjeables.

b. Vales canjeables o devoluciones en efectivo.

c. Vales canjeables o devoluciones bajo la misma modalidad en la que se realizó el pago.

d. Devoluciones bajo la misma modalidad en la que se realizó el pago.

1.22. Cuando hablamos de datáfono virtual hacemos referencia al:

a. TPV virtual.

b. Pasarela de pagos.

c. Sistema que permite realizar pagos *online* de productos ofrecidos por una web.

d. Todas las respuestas son correctas.

1.23. El programa de gestión del TPV permitirá:

a. Generar perfiles de dependientes.

b. Crear grupos de clientes y proveedores.

c. Dar de alta referencias tras establecer previamente la estructura del surtido.

d. Todas las respuestas son correctas.

1.24. A la hora de definir productos en el sistema:

a. Únicamente se pueden dar de alta artículos de forma individual.

b. Las referencias se dan de alta cuando pasan por primera vez por caja.

c. Se podrán dar de alta un producto combinado formado por varias referencias.

d. No es operativo dar de alta referencias.

1.25. El *software* de la TPV genera documentos::

a. Justificativos del pago.

b. Promocionales.

c. De devolución.

d. Todas las respuestas son correctas.

ACTIVIDADES

Actividad 1

SHTPV, S. L., dedicada a la fabricación y distribución de TPV para todo tipo de negocios, está buscando personal comercial con un perfil adecuado para formar parte de su plantilla. Además de las entrevistas de índole personal que tienen como objetivo obtener información sobre la personalidad de los aspirantes, SHTPV, S. L. realiza pruebas para valorar los conocimientos técnicos que los candidatos tienen sobre el negocio.

A continuación, se plantean algunas de las cuestiones que se formulan en el proceso de selección:

1. Asocia con cada tipo de TPV, modular o compacto, las siguientes características:

CARACTERÍSTICAS	Tipo de TPV
Permite ampliación de periféricos según necesidades.	
Ocupan poco espacio.	
All in one.	
Menos fiables, requieren más mantenimiento.	
Estabilidad del sistema, menos averías.	
Más económico.	

2. ¿Cuáles son los elementos básicos que componen un datáfono?

3. ¿Qué tipo de datáfono recomendarías en cada caso?

NEGOCIO	Tipo de datáfono
Comercio con mostrador y sin línea ADSL.	
Comercio con mostrador y con línea ADSL que realiza un elevado número de operaciones que necesitan más rapidez y agilidad.	
Restaurantes, terrazas y, en general, comercios que necesitan desplazar el datáfono dentro del establecimiento hasta el cliente para realizar el cobro, realizando toda la operativa siempre delante del mismo.	

NEGOCIO	Tipo de datáfono
Venta a domicilio, empresas de servicios aeroportuarios, taxis, estands en ferias y exposiciones, etc. En general, establecimientos sin línea telefónica o que requieren movilidad.	
E-commerce. Sencillo *software* que se instala en el servidor de la páginas web del establecimiento y que proporciona la conexión con la pasarela de pagos del banco.	

4. ¿Qué ventajas aporta al establecimiento la utilización de un TPV?

5. ¿A qué dispositivos del TPV corresponden las siguientes definiciones o características?

CARACTERÍSTICAS	Tipo de TPV
Integra las funciones del teclado y del ratón permitiendo un acceso intuitivo al *software* que gestiona el terminal.	
Conectado a un puerto de la impresora o CPU puede disponer de sistemas antibloqueo que garantizan una mayor seguridad.	
Facilita la visualización al cliente de cada uno de los registros y resultado de la operación.	
Permite el almacenamiento de datos y el tratamiento de la información.	
Interpreta la simbología del código de barras adherido al producto.	

6. Indica qué periféricos se observan en estas imágenes.

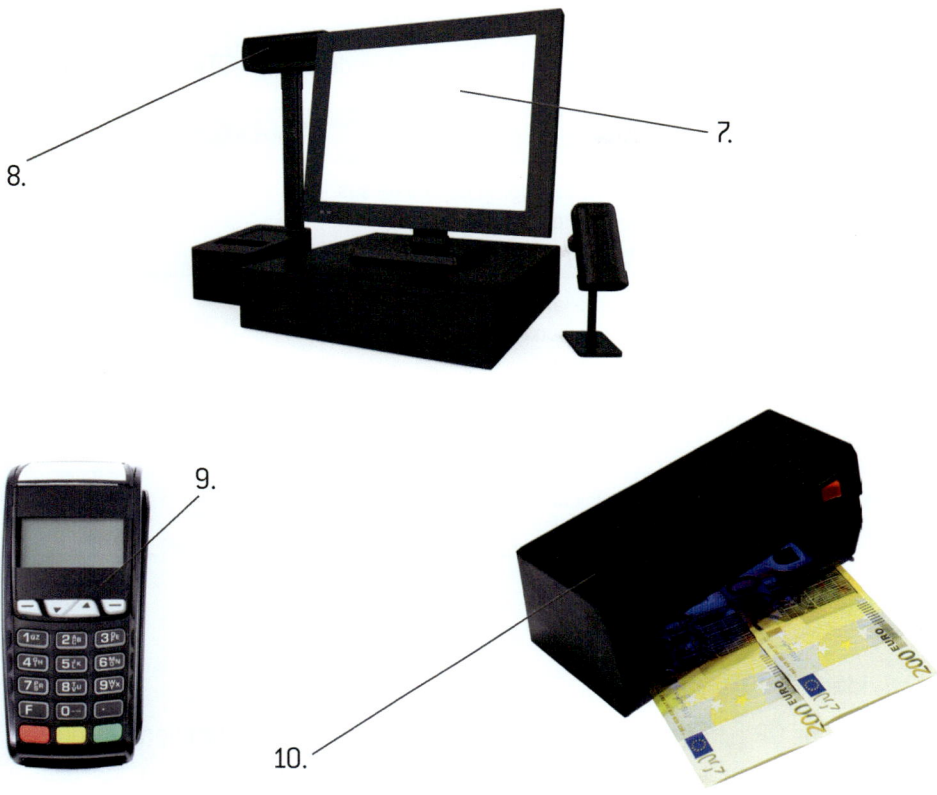

7.   Piensa las funcionalidades que debería tener un *software* de gestión diseñado para el sector Horeca.

Actividad 2

1.   Analiza de forma genérica cuáles serían los pasos que seguiría en un proceso de cobro un responsable de caja registradora y uno de TPV.

2.   ¿Quiénes pueden solicitar el rembolso del *tax free* en España?

3.   ¿Qué pasos se precisan para reclamarlo y cobrarlo?

4.   ¿Cuál es la diferencia entre los términos *tax free* y *duty free*?

Actividad 3

Analiza si estas acciones ocasionarán un cambio de código GTIN.

ACCIÓN	CÓDIGO GTIN
Una marca de cereales modifica el *packaging* de una de sus referencias, pero ni el nombre de la marca ni la descripción del producto sufren variación alguna.	
Una marca de productos de higiene lanza una promoción en una de sus referencias de gel, en la que ofrece por el mismo precio un 25 % de producto adicional.	
Un fabricante de galletas incluye un cupón promocional en el interior del envase.	
El etiquetado de una referencia de café que se distribuye en varios idiomas añade otro adicional.	

Actividad 4

Los códigos QR (*Quick response*) son códigos de barras bidimensionales que almacenan información de manera codificada en una matriz de puntos. Gracias a su versatilidad y facilidad de uso, estos códigos han ido ganando popularidad en los últimos años. A través de *apps* o cámaras, dispositivos como *smartphones* son capaces de capturar imágenes y acceder al contenido que se oculta tras él.

1. Busca contextos, dentro del sector del *retail,* en los que se puede observar el uso de esta tecnología.

2. Visualiza el siguiente vídeo y analiza la utilidad que los supermercados TESCO de Corea dan a los códigos QR.

   Publicidad novedosa con códigos QR de la tienda Tesco en el *subway*.

   https://youtu.be/mbiwVg6LHAg?si=WpGQkQ6pJpTFeQyo

3. ¿Qué aspectos crees que deben tener en cuenta las empresas a la hora de implementar en su actividad el uso de QR?

4. Utiliza una herramienta en línea gratuita para generar un código QR personalizado que redirija al menú de catálogos de publicaciones de la editorial Paraninfo. https://www.paraninfo.es/colecciones-libros

Actividad 5

Partiendo de una idea de negocio, realiza un proceso de búsqueda de posibles proveedores que ofrezcan soluciones de TPV y *software* adaptados. Para ello, se deben tener en cuenta las necesidades y funcionalidades específicas que este tipo de establecimiento requiere.

Realiza un análisis comparativo de las condiciones que ofrece cada suministrador. Elabora un fichero de proveedores y un pequeño informe en el que, de forma justificada, se dejará constancia del proveedor elegido.

Actividad 6

En la búsqueda de una mejora de la experiencia durante el proceso de compra, muchos establecimientos han adoptado una modalidad de cajones de auto-cobro en la que los clientes insertan monedas y billetes para realizar el pago. ¿Qué beneficios piensas que ofrece esta solución automatizada?

Actividad 7

Tras realizar el pago de una compra en un establecimiento de alimentación, un cliente habitual recibe varios cupones descuento que podrá utilizar en la siguiente visita al establecimiento.

1. ¿De qué tipo de promoción estamos hablando?
2. ¿Qué características básicas debe reunir un cupón promocional?
3. Piensa de qué formas las empresas pueden hacer llegar a sus clientes cupones promocionales.
4. ¿Por qué es útil para el establecimiento la creación del CRM?

Actividad 8

La factura simplificada en papel puede tener los días contados. Son muchos los establecimientos que, por la comodidad que aporta, ofrecen a sus clientes su envío de forma digital. Cada vez más tiendas *online* incorporan sistemas de facturación electrónica debido a la eliminación del formato papel para las facturas de compra.

1. ¿Qué ventajas/inconvenientes proporciona este servicio?

2. ¿Puede un establecimiento implantar una política *papperless* a la hora de emitir facturas simplificadas?

2. Procedimientos de cobro y pago de las operaciones de venta

Contenido

2.1. Caracterización de los sistemas y medios de cobro pago

La compraventa es el contrato mediante el cual el vendedor se obliga a transferir la propiedad de una cosa determinada al comprador, y este, a su vez, se obliga a pagar su precio en dinero o signo que lo represente.

Existe una serie de características que definen un contrato de este tipo:

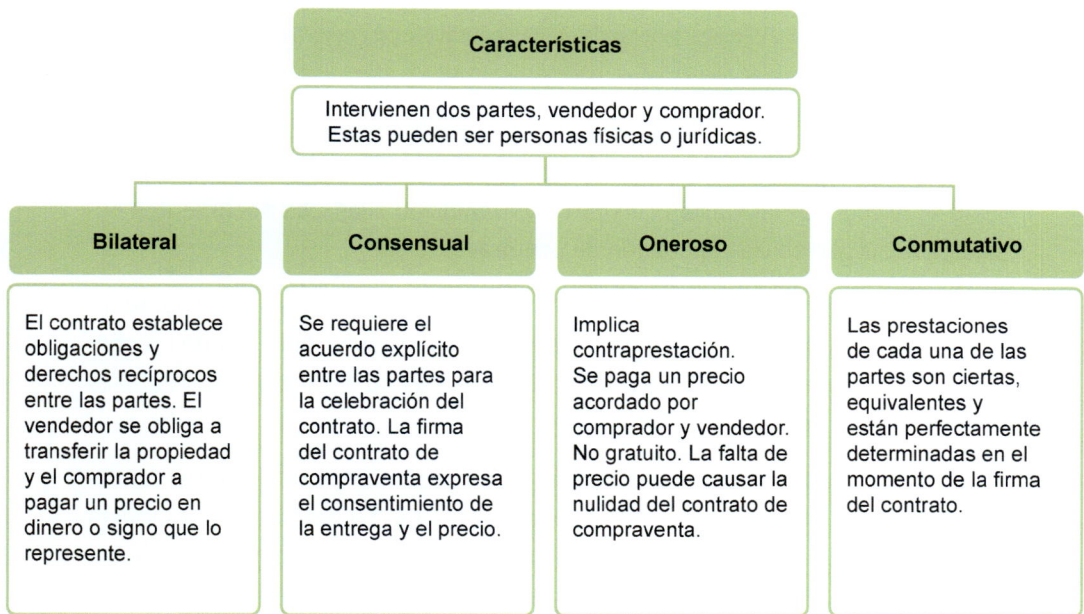

Figura 2.1. Características de un contrato de compraventa.

El ciclo documental que genera una operación comercial de compraventa se inicia con la petición por parte del comprador de un producto o servicio y finaliza con el pago como consecuencia de la entrega o prestación.

Una relación de compraventa genera:

- Un *flujo físico* derivado del traslado de la mercancía desde el punto de venta del vendedor al comprador.

- Un *flujo económico* ocasionado por el cambio de propiedad entre las partes que intervienen en el contrato.

- La información derivada de estos flujos quedará registrada a través de documentos o justificantes dando lugar a un *flujo de información o administrativo*.

Figura 2.2. Flujos generados en una operación de compraventa.

Un documento es una información estructurada en soporte material (papel) o medios electrónicos cuyo objetivo es dejar constancia tanto de las operaciones realizadas como de las partes que han intervenido en ellas. Los documentos básicos que surgen en una operación de compraventa son:

- **Pedido:** solicitud en firme de materiales que realiza la empresa compradora a la vendedora después de haber valorado las ofertas recibidas de un conjunto de proveedores. Se debe conservar una copia para contrarrestar la mercancía recibida con la solicitada.

- **Albarán:** la nota de entrega o albarán es un documento que expide el vendedor y envía al comprador junto con la mercancía. Su funciones principales son la de servir como justificante que acredite que la mercancía ha sido entregada al cliente y servir de guía para la elaboración la factura. El albarán consta de varias copias, de distintos colores, una queda en poder del vendedor, el comprador recibe dos, el original y una copia. Este debe devolver la copia firmada, **albarán cotejado,** una vez que se haya llevado a cabo un primer control visual de la mercancía recibida.

- **Factura:** es el documento que acredita legalmente la operación de compraventa o de prestación de servicios. Se confecciona partiendo de los datos que figuran en el pedido y en la copia del albarán que acepta el comprador. Se emite la factura por la cantidad aceptada por el cliente. La expide el vendedor ajustándose a los requisitos exigidos por la normativa legal que regula la emisión de facturas.

Una vez recibida la factura, el comprador debe pagar las mercancías compradas. Este pago habrá de realizarse en dinero o signo que lo represente.

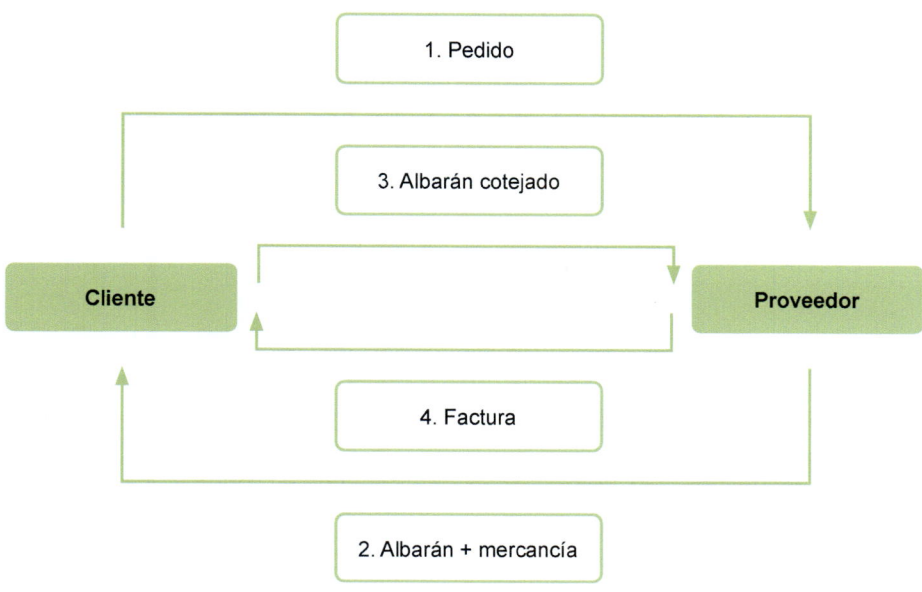

Figura 2.3. Circuito documental de una operación de compraventa.

Según el momento del pago, podemos distinguir tres modalidades de pago:

- **Pago anticipado:** el cliente paga la totalidad o parte del importe antes de la entrega de la mercancía o de la prestación del servicio. Normalmente, se pacta el pago en el momento de hacer el pedido o contratar el servicio. Es habitual esta modalidad con determinados servicios profesionales, cuando se inician relaciones comerciales con algún cliente del que se carece de información sobre solvencia y formalidad.

- **Pago al contado:** se produce en el mismo momento en el que la mercancía es puesta a disposición del comprador o en el momento de la prestación del servicio. Surgen aquí los descuentos por pronto pago. Además, el comprador ahorrará el pago de intereses que supone la materialización del pago aplazado o a crédito.

- **Pago aplazado a crédito:** si el pago se realiza con posterioridad a la entrega. Los plazos más comunes son a 30, 60 y 90 días. Esta modalidad permite adquirir mercancías, aunque en ese momento no se tenga liquidez, pero ocasionará el pago de unos intereses cuya cuantía dependerá del tiempo de aplazamiento del pago, así como de la relación proveedor-cliente.

Existen varias modalidades de aplazamiento:

- Parcial: el proveedor cobra una parte de la factura al contado y el resto aplazado.

- En un solo pago: el importe de la factura se aplaza a un solo pago.

- Fraccionado: la factura se abona en varios vencimientos previamente pactados entre las partes.

Figura 2.4. Modalidades de pago al contado y aplazado.

Según la forma de realizar el pago podemos hablar de:

- **Pago sin documentar:** no se genera ningún documento distinto de la factura o su equivalente para ejecutar la acción de pago.

- **Pago documentado:** el pago se realiza mediante un documento distinto de la factura. Los más importantes son la letra de cambio y el cheque.

Todos los establecimientos tienen que mostrar de forma clara los medios de pago que admiten. En el caso de admisión de tarjetas bancarias no pueden limitar la cantidad a partir de la cual es admisible ese tipo de pago, salvo que lo informen expresamente con carteles visibles.

Las formas de cobro-pago más comunes en las operaciones de compraventa realizadas en el sector del retail son:

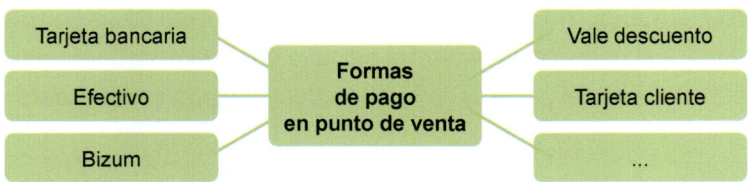

Figura 2.5. Formas de pago más habituales.

Además de conocer las distintas modalidades de pago, los programas de gestión del terminal aportan una serie de funcionalidades para realizar esta tarea:

Figura 2.6. Funcionalidades de pago en la TPV.

- **Pago compuesto:** nos permite indicar pagos en diferentes formas de pago. El TPV nos permite indicar la cantidad que se va a pagar con cada uno de los medios de pago escogidos.

- **Pago compartido entre varios clientes:** el importe se podrá dividir a partes iguales o se podrá realizar la división por artículos seleccionando las referencias a incluir en cada recibo. Será importante que el sistema permita la impresión de un recibo distinto para cada cliente.

- **Pendiente de pago:** se podrá dejar el importe parcialmente pagado. En el caso de que el cliente deje a deber total o parcialmente una compra, se podrá registrar como pendiente de pago. Este tipo de registro se vinculará directamente con la base de datos de clientes. Ello permite que en el momento necesario se puedan obtener listados de clientes con importes de pago pendientes.

Figura 2.7. Las devoluciones se han convertido en algo habitual, pero los establecimientos no están obligados a admitirlas, salvo en casos en los que el bien se encuentre en mal estado o defectuoso.

- **Importes negativos:** ante operaciones con importes negativos, el TPV permite la creación de vales canjeables o la realización de la correspondiente devolución de venta. Si la operación con importe negativo genera un abono, este será realizado utilizando la misma modalidad de pago empleada en la compra.

Hoy en día las operaciones comerciales no se realizan únicamente en el punto de venta. Se habla de **TPV virtual** cuando la compra se realiza a través de Internet. El datáfono virtual, comúnmente llamado TPV virtual, es un sistema que permitirá cobrar de forma *online* los servicios o productos ofrecidos en la web. Al contratar este servicio con una entidad, la tienda *online* elegirá las modalidades de pago y los tipos de tarjetas que va a aceptar. Una vez autorizado por parte del banco, este proporcionará los datos de configuración.

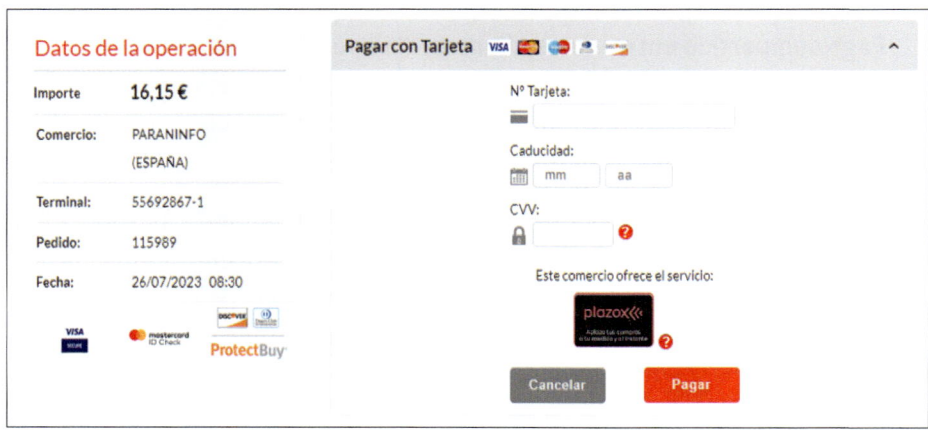

Figura 2.8. La pasarela de pagos es un *software* que garantiza la seguridad en los pagos *online* mediante tarjeta de tal forma que los datos no sean visibles.

Los costes que se generan para el negocio dependerán del banco al que se solicite el servicio. En general, las partidas de estos costes serán:

- Coste de alta del TPV: cubre los gastos generados por los trámites y la instalación del servicio. Se cobra una única vez.

- Coste mensual de mantenimiento: este coste disminuirá ante aumentos en el nivel de facturación del negocio. Se asocia a los gastos que se generan como consecuencia de mantener activo el servicio que ofrece el TPV virtual. Puede existir un coste extra por el asesoramiento técnico.

- Comisión por ingresos: porcentaje sobre el valor de ventas. A mayor facturación menor será este porcentaje.

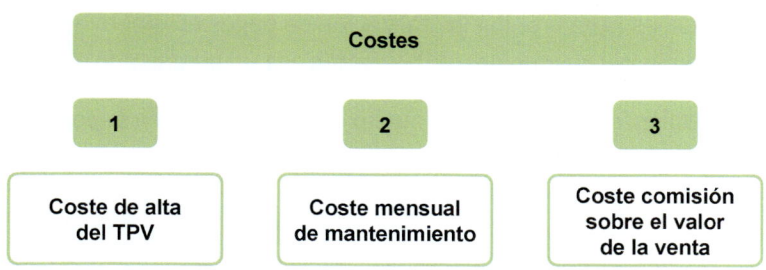

Figura 2.9. Costes de la pasarela de pagos *online*.

El TPV virtual precisa de conexión a Internet y de un *software* de TPV *online*. Está diseñado para ser visualizado tanto en navegadores de equipos de sobremesa (PC), como en dispositivos de mano (tableta, *smartphone*). Gracias a estos últimos, es posible conseguir la movilidad y flexibilidad en la gestión de un punto de venta. La comunicación con el TPV virtual se realiza siempre bajo entorno de conexión segura SSL[22]. Esto impide que la información pueda ser capturada por terceros. Por tanto, se garantiza una total confidencialidad en todas las comunicaciones que se establezcan durante la transacción.

Se detallan, a continuación, las modalidades más habituales en las que los pagos pueden realizarse.

2.1.1. Efectivo

Denominado comúnmente en *metálico*. Para las empresas realizar sus pagos en efectivo genera un coste de oportunidad. El dinero que permanece en la caja de la empresa no ocasiona ninguna rentabilidad financiera, por tanto, es una modalidad que se debe utilizar en la menor cantidad posible.

Todo acreedor puede exigir el pago en efectivo. La gran ventaja de utilizar monedas y billetes radica en que esta modalidad de pago siempre será aceptada. Ningún establecimiento comercial puede oponerse al pago en metálico, aunque sí podría rechazar otros medios de pago como cheques personales y tarjetas bancarias. No obstante, los billetes deberán ser utilizados de acuerdo con el importe del bien o servicio. Por ejemplo, un establecimiento podría negarse a aceptar un billete de 500 € como pago de un importe inferior a 10 €.

Una medida que se incluyó en la Ley 7/2012, de 29 de octubre, de modificación de la normativa tributaria y presupuestaria y de adecuación de la normativa financiera para la intensificación de las actuaciones en la prevención y lucha

---

[22] *Secure Sockets Layer.*

contra el fraude, es la de prohibir la realización de pagos en efectivo superiores a 2500 euros siempre y cuando una de las partes sea un empresario o profesional.

Como inconveniente, llevar encima mucho dinero en efectivo supone un riesgo de inseguridad alto por el peligro de robo o extravío.

Figura 2.10. El pago en efectivo suele ser una opción recomendada para controlar gastos, ya que consigue reducir el número de compras impulsivas.

Los billetes en euros incorporan medidas de seguridad muy avanzadas para detectar billetes falsos. Algunos de los métodos que permiten validar que los billetes son de curso legal son:

- El proceso de impresión de los billetes les dota de un tacto inconfundible.

  Los emitidos por el BCE[23] tienen relieve en la imagen principal, en las letras y en la cifra de mayor tamaño. En la serie Europa, además, se incorporan bandas de líneas cortas en relieve en los bordes izquierdo y derecho del anverso del billete.

- Mirando el billete al trasluz por cualquiera de sus caras se podrá detectar la marca de agua, imágenes difusas y el valor del billete. En el hilo de seguridad se podrá comprobar el valor del billete y la palabra «euro» o su símbolo.

- En los billetes de menor valor, se podrá ver la imagen cambiante de la banda holográfica (banda plateada en el reverso a la derecha) si se gira. Debe aparecer el valor del billete, el nombre o el símbolo del euro y una especie de holograma con el retrato de Europa.

---

[23] Banco Central Europeo.

- Girando el billete por el reverso se podrá ver el brillo de la banda iridiscente. En los de valor elevado se puede comprobar que la tinta cambia de color.

- En el anverso, las estrellas de la bandera de la UE, los círculos pequeños y las estrellas grandes resplandecen en amarillo. Algunas otras zonas también brillan en amarillo.

Figura 2.11. Comprobar textura, mirar al trasluz y girar son pasos que se deben seguir a la hora de comprobar la legibilidad de un billete.

2.1.2. Transferencia y domiciliación bancaria

Un **ingreso en c/c**[24] supone realizar el pago ingresando el importe en la cuenta bancaria del acreedor. El banco entregará un justificante del ingreso realizado.

Por otro lado, una **transferencia** se materializa en un documento llamado orden bancaria por el que el titular de una cuenta corriente transfiere fondos a otra cuenta de la misma o distinta entidad. El coste recaerá sobre quien ordena la transferencia.

Las partes que intervienen en esta operación son:

- El *ordenante,* titular de una cuenta, da una orden a su entidad bancaria para transferir fondos, con cargo a su cuenta, a la del beneficiario.

- El *beneficiario* recibe el importe mediante el abono en una cuenta de la que es titular.

Las transferencias bancarias se pueden clasificar en función de distintos criterios:

Según el área geográfica:

- Nacionales. Ordenante y beneficiario operan en España. Tendrán tratamiento específico cuando no sean en euros o cuando, siendo en euros, superen los 50 000 euros y el ordenante y/o el beneficiario sean no residentes.

- Exteriores o transfronterizas. El envío de fondos se hace entre cuentas de distintos países. Los plazos pueden aumentar sobre todo si origen o destino está fuera de la UE.

---

[24] Cuenta corriente.

- Si los países en los que se encuentran ordenante y beneficiario de la transferencia están en zona SEPA, deberán tener los mismos costes que los pagos nacionales.

- Las transferencias STP[25] son las que pueden realizarse de forma totalmente automatizada, pues la entidad ordenante tiene los datos necesarios para ello:

  — IBAN: número internacional de cuenta del beneficiario.

  — BIC[26] (SWIFT[27]): código de identificación bancaria del banco del beneficiario.

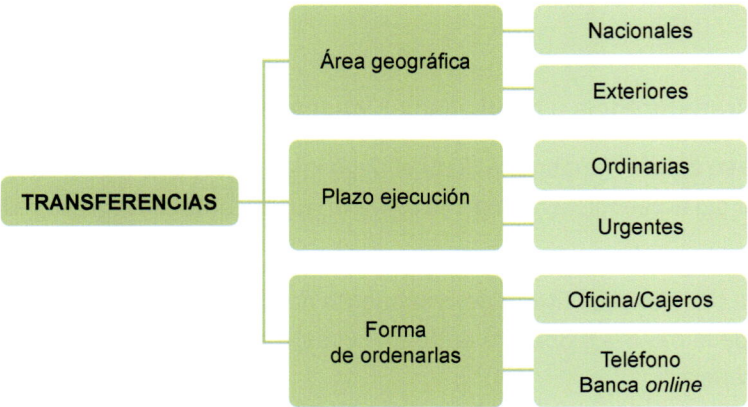

Figura 2.12. Criterios de clasificación de las transferencias bancarias.

Según el modo de ordenarlas:

- Personalmente en la sucursal de la entidad.

- A través de cajeros.

- Por teléfono.

- Banca *online*. La banca *online* permite la realización de estas operaciones. Para ello será necesario un certificado de firma electrónica o claves de operaciones que nos suministra la entidad. En este caso, las comisiones aplicadas suelen ser menores que las comisiones que aplica la banca tradicional.

---

[25] *Straight Trough Processing.*

[26] *Bank Identifier Code.*

[27] *Society for Worldwide Interbank Financial Telecommunication.*

Figura 2.13. Las transferencias bancarias pueden ser ordenadas a través de la banca *online*.

Según el plazo de ejecución:

- Ordinarias.

- Urgentes. Aquellas cuyo plazo de ejecución es menor.

Las transferencias que se realicen entre dos cuentas de un mismo banco serán instantáneas, ya que únicamente supondrán un apunte contable para la entidad. Desde la entrada en vigor de la zona única de pagos en euros, también conocida como SEPA, tanto las transferencias nacionales realizadas en euros, como las internacionales dirigidas a países pertenecientes al espacio europeo, tienen un plazo máximo de ejecución de un día hábil.

El mecanismo para mandar dinero de manera urgente, con la mayor brevedad posible, es una orden de movimiento de fondos u OMF, operaciones de transferencias vía Banco de España. Este tipo de transferencias urgentes no se canalizan por el sistema ordinario de compensación y liquidación de movimientos entre entidades financieras, sino a través de movimientos entre cuentas de tesorería de dos entidades que tiene abiertas en el Banco de España.

Con esta operación puede surgir la obligación de pago de una comisión. En función de la entidad, esta puede ser de una cuantía fija o de un porcentaje sobre la cantidad transferida. Las entidades bancarias suelen fijar un importe mínimo, de tal forma que, si el calculado no es superior, se aplicará el mínimo.

Las transferencias internas, es decir, cuando ordenante y beneficiario pertenecen a la misma entidad, no suelen generar comisión.

Bizum es un sistema de pagos español que actualmente está instaurado en la cultura de las transferencias. Permite el envío de dinero entre particulares y/o empresas, de forma instantánea, sin necesidad de conocer el número de cuenta del destinatario.

Únicamente es necesario disponer de cuenta bancaria en España con cualquiera de las entidades que ofrecen el servicio y un número de teléfono móvil. Bizum se integra directamente en las aplicaciones de banca móvil. Los usuarios pueden acceder a Bizum a través de la aplicación de su banco y vincular su número de teléfono móvil a su cuenta bancaria.

:% bizum

Figura 2.14. Este sistema de pagos ampliamente utilizado en España ha sido desarrollado por un conjunto de entidades financieras españolas.

FUNCIONAMIENTO BIZUM

1 Paso 1
Acceso a Bizum a través de una entidad bancaria afiliada.

2 Paso 2
Busca la opción "Enviar y Recibir dinero con Bizum".

3 Paso 3
Introduce el número de teléfono móvil del destinatario e indica el importe.

4 Paso 4
Si el receptor usa Bizum tendrá el dinero disponible en segundos.

5 Paso 5
Si el destinatario no es usuario de Bizum recibirá un sms con instrucciones para recibir el importe de forma sencilla.

FUNCIONAMIENTO BIZUM COMERCIO ONLINE

1 Paso 1
Tramitar pedido desde el carrito de compra que incluye todos los productos a adquirir.

2 Paso 2
Seleccionar opción de pago con Bizum.

3 Paso 3
Añadir tú número de teléfono.

4 Paso 4
Por razones de seguridad, será necesario validar la compra a través de la app del banco.

5 Paso 5
En ocasiones será necesaria la confirmación del pago por Bizum a través de una clave Bizum que previamente se ha configurado en la app bancaria.

FUNCIONAMIENTO BIZUM COMERCIO FÍSICO

1 Paso 1
Escanear código QR o enlace que el establecimiento tenga habilitado para realizar el pago.

2 Paso 2
Añadir tú número de teléfono.

3 Paso 3
Por razones de seguridad, será necesario validar la compra a través de la app del banco.

4 Paso 4
En ocasiones se precisa la confirmación del pago a través de una clave Bizum.

5 Paso 5
Mostrar código para que el cajero pueda escanear el pago y ejecutar el cobro.

De forma instantánea y segura, es posible realizar un pago a través de la activación de la *app* del banco afiliado. El envío es inmediato y el receptor recibe siempre una notificación.

Existen establecimientos que tienen activado el botón Bizum como medio de pago disponible.

Figura 2.15. Procedimiento de pago a través de Bizum.

Para que estos puedan recibir pagos de sus clientes a través esta herramienta, necesitarán contratar el servicio con su banco que indicará los pasos para integrar el botón en la página de pago. Al igual que en otros métodos de pago, las condiciones comerciales y de servicio varían en función de la entidad.

La domiciliación bancaria es una forma de pago consistente en la orden de pago que una persona física o jurídica da a una entidad bancaria para que atienda periódicamente, hasta nuevo aviso, todos los recibos que una empresa, administración o particular pase al cobro contra una cuenta bancaria de la que sea titular.

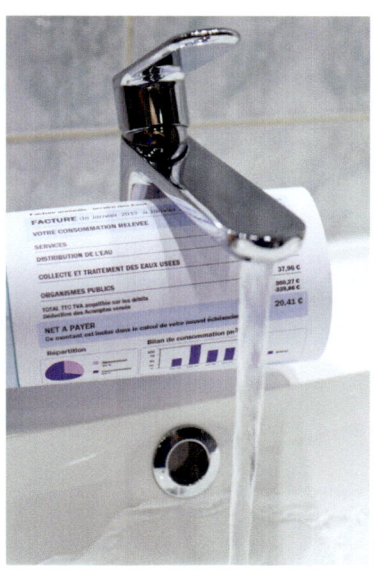

La domiciliación bancaria está asociada al pago periódico de recibos (suministros) o a la contratación de servicios por suscripción (gimnasio, publicaciones, etc.). Se trata de una modalidad cómoda para asegurar el pago, pues con ella se evita el olvido de pago de facturas.

Figura 2.16. Las empresas beneficiarias de las domiciliaciones bancarias son normalmente proveedoras de suministros y servicios (agua, ayuntamiento, teléfono, gas, etc.).

Debemos diferenciar las partes que intervienen en el adeudo por domiciliación:

- El *ordenante* debe disponer de una cuenta en una entidad bancaria que acepte el adeudo domiciliado. Es preciso que el ordenante, a través de un formulario elaborado por el *beneficiario,* exprese su consentimiento. Para ello informará por escrito del nombre, dirección del banco y datos como titular de la cuenta bancaria en la que se realizarán los adeudos: NIF, número de la cuenta IBAN[28] y CCC[29]. Datos de la empresa beneficiaria, concepto e importe de pago y firma del ordenante serán elementos indispensables en dicho impreso de domiciliación.

  - El **CCC** está formado por 20 dígitos que tendrán como finalidad identificar la cuenta del cliente.

  - El **IBAN** es un código internacional compuesto por una serie de caracteres alfanuméricos que identifica cada cuenta.

---

[28] *International Bank Account Number.*

[29] Código cuenta cliente.

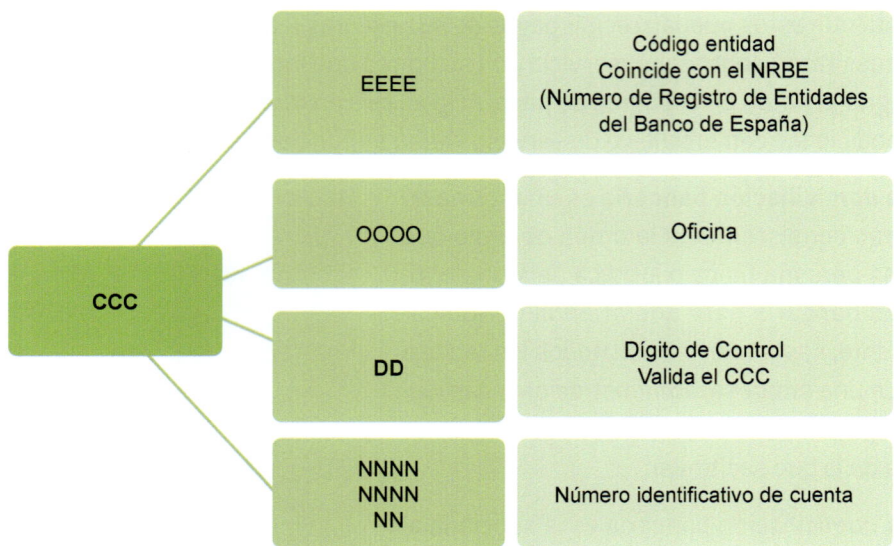

Figura 2.17. Estructura del código de cuenta corriente.

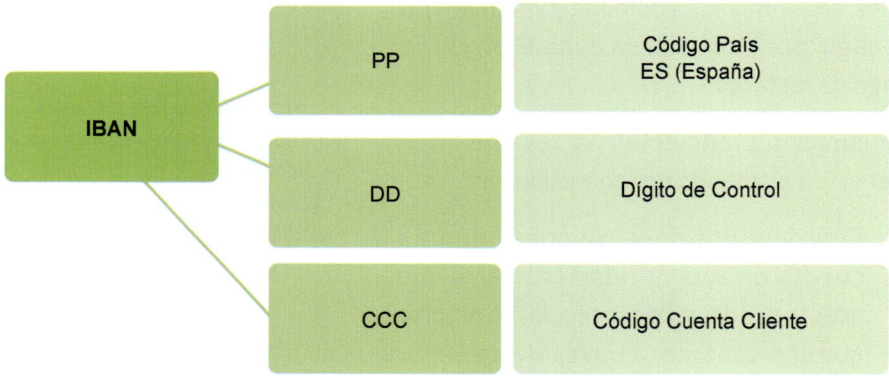

Figura 2.18. Estructura del IBAN.

2.1.3. Tarjeta de crédito y débito

Las tarjetas bancarias, emitidas por instituciones financieras, son instrumentos de pago materializados en forma de tarjeta plástica que permiten a su titular acceder a los fondos y realizar transacciones financieras. Poseen un chip en el que aparecen encriptados los datos identificativos del titular de esta y de la c/c[30] a la que está asociada la tarjeta.

---

[30] Cuenta corriente.

Las tarjetas bancarias generan dos tipos de contratos:

- El establecimiento debe contratar con la entidad bancaria la aceptación del pago mediante tarjeta. A cambio el banco cobra un porcentaje del importe pagado en forma de comisión.

  Cuando el establecimiento haga pública la aceptación de pago mediante tarjeta, debe aceptarlas en cualquier periodo (rebajas, promociones, etc.). El establecimiento puede establecer límites cuantitativos o de otra naturaleza siempre que sean anunciados de la misma forma que la admisión de tarjetas como medio de pago. Pagar con tarjeta no puede generar un aumento en el precio del bien o servicio.

- Por otro lado, el titular de la tarjeta firma en señal de aceptación una serie de condiciones establecidas por el banco emisor de esta.

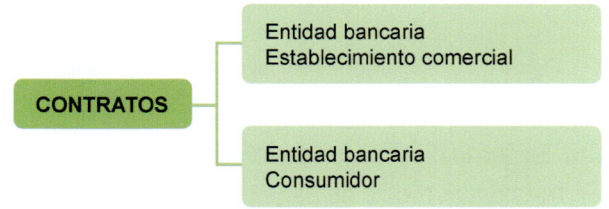

Figura 2.19. Contratos generados por el uso de tarjetas bancarias.

Existen diferentes tipos de tarjetas con características y usos específicos que se adaptan a las necesidades individuales de los usuarios:

Tarjetas de crédito. Su funcionamiento consiste en que una entidad financiera abona el precio al contado al vendedor y se lo carga a crédito al comprador, es decir, el comprador puede diferir el pago. Permiten su utilización sin que haya fondos. Existe un límite máximo de crédito que debe estar especificado en el contrato, aunque las tarjetas de oro carecen de él. Con el consentimiento tanto del titular de la tarjeta como de la entidad financiera, este límite puede variar a lo largo del tiempo. La entidad liquida las cuantías más intereses que procedan al cliente de la c/c en la forma y plazos establecidos, por lo general, en los primeros días de cada mes.

Se pueden elegir distintas modalidades de pago:Se pueden elegir distintas modalidades de pago:

- Pago mensual por la totalidad. Es la forma más sencilla y habitual. Todos los gastos realizados durante el mes se abonan con cargo a la cuenta el primer día del mes siguiente. El usuario recibe una vez cada 30 días un extracto con las operaciones realizadas en el periodo anterior y el saldo final que se le cargará en la cuenta asociada. En esta modalidad, la mayor parte de las entidades emisoras no cobran intereses.

- Pago aplazado. Hace referencia a la modalidad de *cuota flexible* o *revolving*. Permite al titular financiar sus compras según sus necesidades, ya que elige cuánto quiere pagar cada mes. Con estas tarjetas es posible aplazar el pago mediante una cuota fija o flexible.

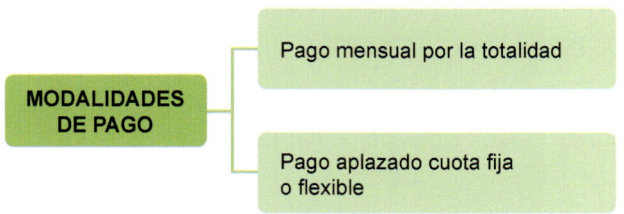

Figura 2.20. Modalidades de pago tarjeta de crédito.

Tarjetas de débito. Exigen la disposición de fondos en la cuenta bancaria de la entidad emisora. Se trata de un medio de pago en sí, ya que el importe se carga directamente en la cuenta corriente del titular y se descuenta directamente del saldo. Este tipo de tarjetas no permite la posibilidad de financiación. Es necesario que existan fondos suficientes para hacer frente al pago. Al utilizar los fondos depositados en la cuenta corriente o de ahorro a la que están asociadas, no hay intereses ni pagos aplazados. Por razones de seguridad, las entidades junto con el cliente estipulan un límite diario, sobre todo para las extracciones de los cajeros automáticos. Cuentan con menos medidas de protección y seguros que las tarjetas de crédito.

Figura 2.21. Aunque depende de la entidad bancaria, generalmente las entidades no cobran a sus clientes por la emisión y uso de dichas tarjetas. Sí suelen realizar cobros por retirar fondos a través del cajero de otra entidad.

El poseedor de la tarjeta bancaria (crédito o débito) ha debido solicitarla a una entidad y aceptar las condiciones de esta. En ocasiones, el pago de una pequeña cuota de mantenimiento a la entidad que la expide. Por otro lado, la tarjeta bancaria genera un contrato especial entre el emisor y el establecimiento, por el que el banco se compromete a pagar las facturas y el establecimiento deberá pagar al banco un porcentaje de intereses sobre el importe de la venta abonada con tarjeta.

Figura 2.22. El límite de pago de la tarjeta de débito será el saldo de la cuenta o uno que se establezca como medida de seguridad frente a robos o pérdidas.

Los **chargebacks.** Son cargos con tarjeta que han sido cancelados. El proceso de *chargebacks* comienza con una solicitud del comprador a su banco, emisor de la tarjeta, para que anule un cargo. Este contacta con la empresa que ha procesado el pago que puede ser un PSP[31] o una pasarela de pagos. El proveedor de pagos o el banco pedirá al establecimiento documentación con el fin de defender la operación frente al banco emisor de la tarjeta.

Figura 2.23. Los *chargebacks* protegen al consumidor frente a las transacciones fraudulentas o no autorizadas.

Para evitar la posibilidad de que surjan *chargebacks* se recomienda a los vendedores:

- No aceptar nunca tarjetas que no estén firmadas o cuya fecha de caducidad haya expirado.

- Comprobar que la firma del cliente coincide con la firma de la tarjeta. El terminal podrá requerir que el cliente introduzca el número secreto (pin). Dicha anotación constituye la identificación suficiente del titular y la conformidad con la operación realizada.

- Ante cualquier sospecha se recomienda no aceptar ninguna tarjeta como método de pago o pedir documento que identifique al usuario de esta.

---

[31] Proveedor de servicios de pago.

Otro tipo de tarjetas son las **tarjetas pregago o monedero**. Tienen el mismo aspecto que las tarjetas anteriores con la diferencia de que incorporan un chip de memoria recargable. Al utilizarla, se puede visualizar el saldo disponible. Las habituales tarjetas regalo físicas que cada vez más numerosas marcas venden en sus tiendas *online* y *offline* son un claro ejemplo.

Figuras 2.24. y 2.25. Bajo un soporte sin contacto, las tarjetas monedero recargables facilitan el acceso a las estaciones de metro de Madrid.

En ocasiones, los establecimientos emiten sus propias **tarjetas comerciales.** Estas están asociadas a una cuenta bancaria donde se cargan los pagos de compras realizadas en un determinado periodo de tiempo. No tienen coste financiero para el cliente salvo que se fraccionen los pagos. El uso de este tipo de tarjetas puede aportar ventajas como aplazamiento en el abono de las compras, obtención de recompensas según importe de compra que pueden canjearse por descuentos, productos y otros beneficios, etcétera.

2.1.4. Pago contrarreembolso

Esta modalidad de pago es habitual en los formatos de distribución comercial en los que no existe establecimiento y contacto directo vendedor-cliente. La venta a través del teléfono, televisión o la venta telemática permiten abonar el coste del pedido con su recargo directamente a la persona, de Correos o de cualquier empresa de transporte, que hace la entrega en el lugar pactado.

Los pagos contrarreembolso suponen, para el comprador, un riesgo de incertidumbre por lo que incluya el envío. El intermediario de pago no ofrece ninguna garantía. Por otro lado, el cliente tiene una cierta sensación de seguridad al no tener que pagar hasta que el producto está en sus manos. Recurrir a esta modalidad de pago le genera además un coste por gastos de gestión.

Figura 2.26. La modalidad de pago por contrarreembolso tiene cada día más importancia por el aumento de las ventas por correo. En ella, el pago se realiza al recibir la mercancía.

El riesgo para el vendedor está en el rechazo del pedido por parte del comprador. En estos casos asume los costes de envío-devolución y costes de gestión. Es necesario considerar también el tiempo en el que el producto no está disponible para la venta.

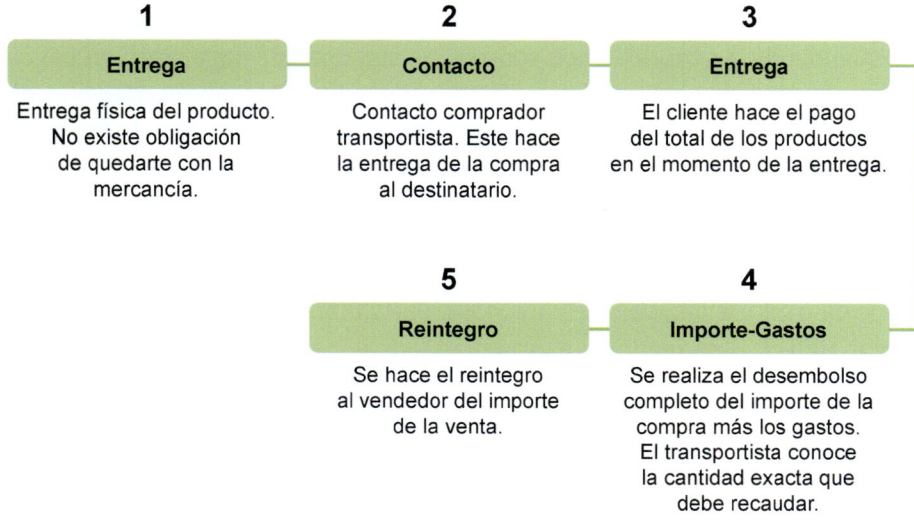

1	2	3
Entrega	**Contacto**	**Entrega**
Entrega física del producto. No existe obligación de quedarte con la mercancía.	Contacto comprador transportista. Este hace la entrega de la compra al destinatario.	El cliente hace el pago del total de los productos en el momento de la entrega.

	5	4
	Reintegro	**Importe-Gastos**
	Se hace el reintegro al vendedor del importe de la venta.	Se realiza el desembolso completo del importe de la compra más los gastos. El transportista conoce la cantidad exacta que debe recaudar.

Figura 2.27. Proceso de pago contrarreembolso.

Aunque muchas empresas de transporte ofrecen este servicio, ha sido el servicio de Correos el pionero en esta modalidad de pago. En todos los casos el protocolo de actuación es muy similar:

Figura 2.28. Procedimiento de actuación del servicio de Correos en el pago por contrarreembolso.

2.1.5. Pago mediante teléfonos móviles u otros dispositivos

Los consumidores tienen cierta resistencia para sustituir sus formas de pago actuales: efectivo, tarjetas, cheques. Un factor muy importante que analiza el consumidor es la seguridad que aporten los sistemas de pago. Realizar pagos desde el *smartphone* se está convirtiendo día a día en una modalidad que, en un futuro cercano, superará las opciones tradicionales de pago mediante tarjeta o en efectivo.

El **pago a través del teléfono móvil** se realiza mediante un chip NFC[32] que actúa como tarjeta de crédito. Se trata de una tecnología que permite el intercambio de datos entre dispositivos situados a corta distancia gracias al uso de etiquetas RFID[33]. Esta tecnología está diseñada específicamente para realizar transacciones de pago.

La implantación de estos sistemas ha supuesto una cierta inversión por parte de los establecimientos para sustituir los antiguos terminales por terminales NFC. Por otro lado, hay que considerar aún un cierto tiempo de espera para que

---

[32] *Near Field Communication* (comunicación por campo cercano).

[33] *Radio Frecuency IDentification.*

los usuarios cambien sus terminales móviles por nuevos teléfonos que incorporen el sistema NFC.

Figura 2.29. Para realizar el pago mediante teléfono móvil se debe acercar el dispositivo a un terminal de pago compatible con contactless y esperar unos segundos a la confirmación de pago.

En el protocolo NFC existen dos tipos de modo de funcionamiento:

- Activo: donde los dos terminales que contactan generan su propio campo electromagnético para comunicarse entre sí.

- Pasivo: donde solo uno de ellos genera el campo para comunicarse y solicita la aprobación al otro. Este suele ser el más utilizado. El TPV emitirá una señal para comunicarse y el *smartphone* o tarjeta *contactless* actuará como elemento receptor. El sistema exigirá autorizar el pago si se supera un cierto límite de cantidad.

Las *apps* de pago móvil simplifican y facilitan los pagos. Se habilitará el terminal móvil para el pago *contactless*. Estos sistemas de pago se basan en la tecnología NFC. Una vez que el *smartphone* esté habilitado, se descarga la aplicación de pago compatible con la entidad. Algunas *apps* habituales son las de las propias entidades, como CaixaBankNow; otras pueden ser: Apple Pay, Google Pay, Samsung Pay, etc. Para poder realizar las transacciones, será necesario configurar las tarjetas bancarias en la *app* de pago que tenga establecida el terminal móvil.

Por otro lado, algunos establecimientos crean sus propias *apps,* aplicaciones para dispositivos móviles, que permitirán a los clientes comprar y pagar de manera sencilla en sus puntos de venta. El usuario de la *app* deberá añadir fondos a la misma para después seleccionar la cantidad que se quiere pagar. La aplicación mostrará un código especial que será detectado por el lector disponible en el mostrador que hará efectivo el pago.

A través de la *app* el usuario, de forma interactiva, podrá manifestar su nivel de satisfacción en los diferentes puntos de venta. Por otro lado, el establecimiento podrá llevar a cabo un marketing relacional ofreciendo promociones y recompensas personalizadas según gustos e intereses de los usuarios. El fin será conseguir la confianza y fidelidad hacia la marca.

También es posible conectar las tarjetas bancarias con otros dispositivos *wearables,* es decir, dispositivos que se incorporan en alguna parte de nuestro cuerpo y que proporcionan beneficios. Relojes inteligentes, *smartwatches,* y pulseras de actividad pueden recibir y realizar llamadas, enviar correos electrónicos o funcionar como GPS. Además, estos dispositivos permiten realizar algunas operaciones bancarias como, por ejemplo, pagar.

Para ello, se debe configurar apropiadamente la *app* del reloj en el teléfono móvil. Fitbit Pay y Garmin Pay son algunos ejemplos.

Una vez hecho esto, se debe seleccionar la tarjeta con la que queremos realizar el pago. El pago se ejecutará al acercar el dispositivo al datáfono. Por seguridad, el reloj solicitará un patrón.

Figura 2.30. El pago con relojes inteligentes funciona mediante la tecnología NFC, de forma similar al pago con *smartphones.*

El **pago con QR** es una de las formas de pago más utilizadas actualmente. Se trata de una forma de pago *online* que se inicia con la apertura de la *app* y la lectura de un QR que el establecimiento genera en su TPV o en la factura simplificada. En cuestión de segundos aparecerá una pantalla que permitirá finalizar el proceso de pago con el terminal móvil. Se seleccionará el medio de pago que se va a utilizar y se confirmará la compra.

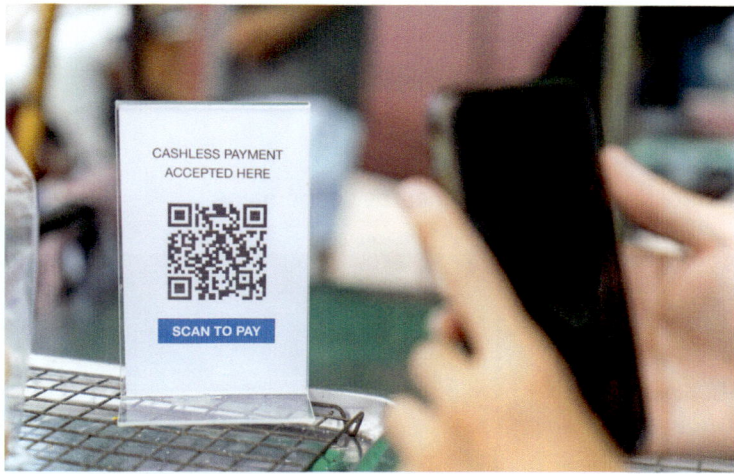

Figura 2.31. El código de barras bidimensional contiene toda la información para hacer el pago.

En un mundo cada vez más tecnológico, es importante estar alerta sobre los diferentes tipos de fraudes electrónicos. En ocasiones los ciberdelincuentes colocan falsos QR para robar datos de pago. Al escanear el código, el usuario es dirigido a un sitio web falso, desde el que se roban credenciales o información sensible para usar con propósitos maliciosos. Esta técnica de engaño se llama *QRishing,* o lo que es lo mismo, *phishing* a través de códigos QR.

Como medidas de seguridad:

- No se deben escanear códigos QR de dudosa procedencia.

- Usar aplicaciones de escaneo que permitan ver a qué URL dirige el código antes de abrirlo.

La *biometría* es la tecnología más segura para soluciones de identificación y control de acceso. La biometría de huella dactilar, la tecnología biométrica vascular y el reconocimiento biométrico a través del iris son sistemas fiables para su uso en numerosas aplicaciones de reconocimiento.

El sistema de **pago biométrico mediante huella dactilar** quiere revolucionar el cobro en negocios. Aunque de momento son muy pocos los establecimientos que tienen implantada esta tecnología, la facilidad de uso, su seguridad y comodidad hacen que sea una tecnología efectiva en el mundo del comercio.

Con este sistema, no disponer de efectivo, tarjeta o terminal móvil con NFC ya no es una barrera para realizar el pago. Esto ayuda a fomentar las ventas.

Forma de uso:

- Un administrador gestiona diversos aspectos de la aplicación biométrica de pago por huella digital:

  · Gestión de altas y bajas de usuarios.

  · Registro de huellas.

  · Control de saldos y movimientos económicos.

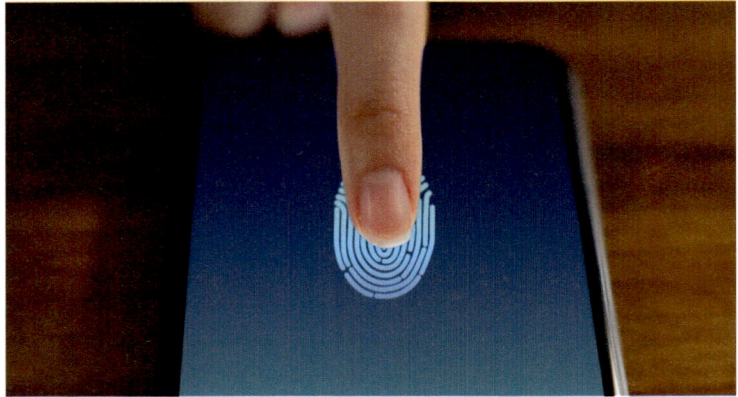

Figura 2.32. El porcentaje de error en el reconocimiento biométrico es inferior a los sistemas de lectura convencionales y los tiempos de validación muy rápidos.

- Los clientes deberán crear una cuenta asociada a su tarjeta o cuenta bancaria y a la imagen de sus huellas dactilares.

- En el momento del pago, se hace clic sobre el icono de la aplicación. La identificación del usuario se realizará a través de su huella dactilar. Para ello, este colocará los dos dedos en un lector.

- El sistema de pago biométrico permite la utilización de dos modalidades de pago:

  · Prepago: a través de la cual el cliente recarga su tarjeta monedero con dinero y de ahí irán descontando los importes a medida que vayan realizando compras.

  · Pago por domiciliación: el cliente compra y a final de mes recibe un cargo en su cuenta por la totalidad del importe.

Entre las ventajas que aporta este sistema están:

- Mayor eficiencia en la gestión de colas de la línea de cajas. Rapidez en la operación.

- Identificación de los clientes de manera automática mediante su huella digital.

- Mejora en la gestión del CRM consiguiendo así ofrecer un servicio más personalizado al cliente.

- Fidelización de clientes.

- Medio de pago fiable, seguro y cómodo para el usuario.

Figura 2.33. El sistema de pago biométrico permite integrar el CRM para ofrecer un servicio personalizado con la máxima facilidad, rapidez, seguridad y comodidad.

El futuro está en la implantación de sistemas de pago móviles con tecnología biométrica, que autentificará a los usuarios a través de sus huellas dactilares. Para ello, desde hace tiempo, se han empezado a instalar sensores de huellas digitales en los *smartphones.*

El servicio Apple Pay permite a los usuarios del iPhone pagar su compra «con un solo toque» usando tecnología NFC, Touch ID y Passbook. Apple Pay no almacena ningún dato de las compras de los usuarios, crea un único número encriptado de cuenta de dispositivo que oculta los detalles bancarios tanto a Apple como al establecimiento, con el fin de minimizar el riesgo de robos de datos de tarjetas.

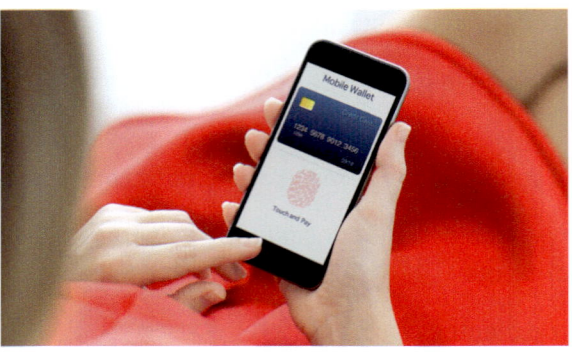

Figura 2.34. Los consumidores realizan el pago colocando el teléfono frente a un lector sin contacto. Mediante el sensor Touch ID incorporado en el terminal realizan la autoidentificación.

Algunas compañías hablan incluso de sistemas basados en escáneres de retina como método para confirmar la identidad de los consumidores que realicen pagos móviles.

Otras modalidades de pago utilizadas en la actualidad son:

Los **sistemas de pago *contactless*.** Estos permiten realizar pagos de compras acercando la tarjeta al dispositivo de cobro del punto de venta. En el caso de que los pagos *contactless,* a través de tarjeta o teléfono móvil, sean superiores a los 50 euros, el terminal del comercio solicitará confirmación, como hasta ahora, mediante la introducción de la clave pin.

Figura 2.35. Las tarjetas *contactless* cuentan con un chip oculto equipado con tecnología NFC que permite realizar el pago sin contacto (izquierda).
Figura 2.36. La utilización de terminales de autopago reduce el tiempo de apertura, cambios de turno y el cierre de caja notablemente (derecha).

Una forma de agilizar los pagos en la línea de cajas es a través de la implantación de **terminales de autopago.** A través de ellas el cliente, de forma autónoma, leerá el código de barras del producto y realizará el pago en efectivo, tarjeta bancaria o incluso acercando su *smartphone*. De esta forma, se conseguirá una reducción en el tiempo medio de pago por cliente.

2.1.6. Medios de pago *online* y seguridad del comercio electrónico

El *e-commerce* ha adquirido en los últimos años una importancia cada vez mayor. Son muchas las razones que han hecho que el comercio electrónico haya transformado la forma en la que compramos y vendemos. A medida que la tecnología avanza, su tendencia continúa en aumento. Durante el proceso de compra *online,* el momento de realizar el pago es crítico, ya que existe riesgo de abandonar si el cliente no encuentra un método de pago conocido y seguro. Por ello, un *e-commerce* debe ofrecer a sus clientes la mayor facilidad y comodidad a la hora de realizar el pago.

Existen numerosas formas de pago en línea que permiten a los consumidores y empresas realizar transacciones financieras de manera segura a través de Internet. En todas ella, la seguridad y la protección de los datos serán aspectos fundamentales. Algunas de las más comunes son:

- **Pago con tarjeta bancaria.** Se trata del sistema de pago electrónico más habitual hoy en día. Es necesario que la tienda virtual instale una plataforma segura de pago de una entidad bancaria o similar. A través de un datáfono virtual, los datos del cliente pasan encriptados directamente al banco que provee el servicio, de modo que el vendedor, durante el proceso de cobro, no tiene acceso a ellos en ningún momento.

    Una pasarela de pago es un servicio que se implementa en el comercio electrónico para facilitar el pago al cliente. Mantiene la seguridad de las transacciones y garantiza la comunicación entre el negocio y los centros bancarios. Aunque continuamente las entidades modifican las condiciones, para el comercio *online* supone el pago de una comisión a la entidad que le ofrece este servicio de cobro.

Figura 2.37. El establecimiento *online,* en función de su poder de negociación con la entidad, deberá pagar un porcentaje del importe del pedido.

Al seleccionar como modalidad de pago la tarjeta bancaria durante la confirmación del pedido, su titular deberá introducir una serie de datos en el espacio que le solicita la plataforma:

· Número de tarjeta.

· Fecha caducidad: mes/año.

· CVV[34]. Código de seguridad de tres dígitos que incorporan todas las tarjetas de débito y de crédito con el único objetivo de verificar que la tarjeta está en manos de su dueño.

El navegador del cliente cifra los datos antes de enviarlos al establecimiento *online*. El cifrado garantiza que los datos no puedan ser captados o leídos por terceros. Para cifrar los datos se utilizan las tecnologías:

· SSL – *Secure Socket Layer.*

· TLS – *Transport Layer Security.*

Figura 2.38. A través del *phishing,* los ciberdelincuentes suplantan la identidad de la entidad emisora mediante correos electrónicos para intentar hacerse con el CVV.

Tanto SSL como TLS son protocolos de comunicación que cifran los datos entre servidores, aplicaciones, usuarios y sistemas. Autentican dos partes conectadas a través de una red para que puedan intercambiar datos de forma segura.

Los certificados SSL, a veces denominados «certificados digitales», se utilizan para establecer una conexión cifrada entre un navegador o el ordenador de un usuario y un servidor o un sitio web. TLS es una versión actualizada y más segura de SSL.

La plataforma de pago contacta con la del banco y con la del vendedor y le entrega los detalles de la tarjeta del cliente. A su vez, el banco reenvía la información a la plataforma del banco del cliente para comprobar que son correctos y solicitar la autorización. Si todo es correcto, la operación será aprobada, se realizará el cargo y se abonará el importe en la cuenta del vendedor. El banco informará del resultado de la transacción.

---

[34] *Card Verification Value.*

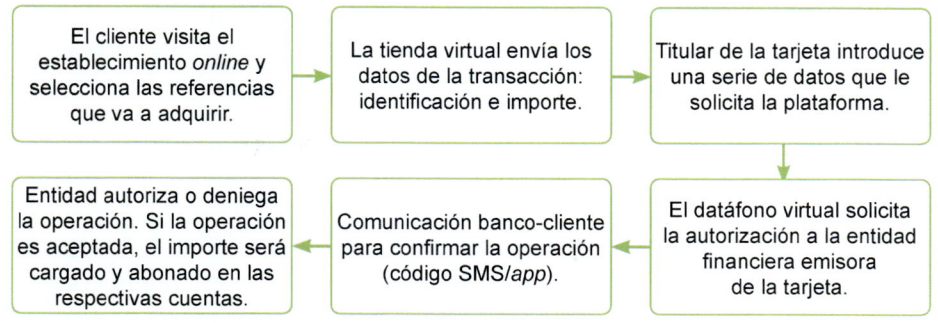

Figura 2.39. Proceso de pago mediante tarjeta bancaria.

Algunas pasarelas de pago para *e-commerce* son: PayPal, Amazon Pay, Aplázame, Redsys, 2Checkout, Adyen, etcétera.

· **PayPal** es un sistema de procesamiento de pagos en línea muy fiable y seguro, propiedad de la empresa norteamericana eBay. Permite la recepción y envío de dinero de forma rápida y segura entre comprador y vendedor. Para ello, existe la posibilidad de registrarse gratis desde su web www.paypal.es y obtener servicios como suscripción a pagos periódicos, realizar el pago desde una cuenta bancaria, tarjeta de crédito o débito o incluso que el dinero se deposite en la propia cuenta de PayPal. El vendedor recibe el pago en su cuenta de PayPal. Este dinero puede mantenerlo en dicha cuenta o transferirlo a una cuenta bancaria en un proceso que dura entre 24 y 48 horas.

Aceptado en cualquier transacción internacional, esta forma de pago aporta seguridad, ya que en ningún momento el establecimiento obtiene información bancaria del cliente.

Figura 2.40. Proceso de pago a través de PayPal.

· **Aplázame.** Plataforma de pago que tiene como finalidad facilitar al cliente financiar sus compras. Detrás de estas transacciones se encuentra el banco Wizink.

- **Redsys.** Pasarela de pago *online* que acepta prácticamente todo tipo de tarjetas. Para usarla hay que pagar una serie de comisiones. Estas serán diferentes en función del banco que se utiliza.

- **Amazon Pay.** Exige a los usuarios tener cuenta en Amazon para pagar de esta manera.

- **Tarjetas prepago o monedero.** Incorporan un chip de memoria recargable para hacer pagos en compras a través de Internet. La tarjeta prepago limita su uso al saldo que se haya cargado previamente. De esta forma el usuario controla todos sus gastos y compra con una mayor sensatez.

  Una vez agotado ese límite, la tarjeta puede ser recargada o no, es decir, existen tarjetas prepago que son recargables y otras que son de un solo uso. Las recargas pueden hacerse por Internet, transferencia bancaria o red de cajeros automáticos.

  No necesita estar vinculada a ninguna cuenta bancaria. Esto aporta un cierto grado de seguridad. Cuando facilitamos los datos de la tarjeta prepago, no emitimos información financiera sobre nuestra cuenta bancaria. No existe ningún tipo de vínculo ni a tarjetas ni a cuentas, por lo que se evita un uso fraudulento de la misma.

  Al hablar de tarjetas prepago debemos considerar que a estas nunca se les otorgará crédito, es decir, deberá haber saldo suficiente en la tarjeta para poder realizar el pago. De lo contrario, no se autorizará el mismo y no se podrá completar la compra.

  Aunque son emitidas mayoritariamente por entidades bancarias, también existen otras empresas no financieras que proporcionan este servicio, como PayPal, ClearBIT o Google Wallet. En ocasiones se da a este tipo de producto el uso de tarjetas regalo. MasterCard es un ejemplo de ello. A través de una entidad financiera se puede acceder a la compra de una tarjeta prepago MasterCard facilitando un determinado importe de la carga inicial. Este tipo de tarjetas pueden utilizarse en cualquier establecimiento donde se acepte MasterCard.

- *E-wallets* **o monederos digitales.** Las billeteras electrónicas son aplicaciones o servicios en línea que almacenan información financiera y permiten a los usuarios realizar pagos en línea sin mostrar datos bancarios. Funcionan como una cartera digital en la que se guardan las tarjetas de crédito. Las compras se vinculan a una cuenta, tarjeta o incluso saldo previamente cargado en ella. Los ejemplos más conocidos son Apple Pay, Google Pay, PayPal Samsung Pay y Amazon Pay. Las entidades bancarias también ofrecen este servicio CaixaBank Wallet, Santander Wallet, etcétera.

Figura 2.41. La billetera digital es un sistema de almacenamiento electrónico que permite realizar operaciones de pago *online* sin necesidad de emplear una tarjeta física.

- **Transferencias bancarias.** El usuario realiza un traspaso de dinero a la cuenta bancaria que el establecimiento *online* le notifica. Este método ofrece a los consumidores más seguridad a la hora de tramitar el pago directamente desde su cuenta bancaria. No depende de plataformas de terceros.

Tiene como ventaja que no genera comisiones para el negocio *online.* Sin embargo, los principales inconvenientes de esta modalidad de pago radican en las pequeñas comisiones impuestas por el banco al comprador y en que el pedido no se gestionará hasta que la transferencia sea cursada y verificada.

El PSP Trustly es una opción que permite realizar el pago a través de una transferencia bancaria desde una cuenta *online.* Lo primero que hay que hacer es elegir el banco y acceder a él con las contraseñas *online.* Trustly realiza la conexión bajo la máxima encriptación y nunca almacena los datos. Una vez se ha accedido al banco, muestra las cuentas que el usuario tiene disponibles y su saldo para que elija con

Figura 2.42. Si el establecimiento *online* usa como medio de pago Trustly, el comprador podrá seleccionarlo, elegir su banco y entrar con el nombre de usuario y contraseña de su cuenta *online* bancaria.

cuál desea pagar. Para confirmar el pago, solo debe introducir el código de un solo uso que el banco envía al cliente a través de un mensaje de texto o con una tarjeta de coordenadas. Se trata de un mecanismo que no almacena información del usuario y solo se produce el pago si el comprador confirma la operación a través de las claves que le proporciona la entidad.

- **Bizum.** Es una aplicación móvil que, actualmente, se ha consolidado como una de las opciones referidas  para realizar pagos entre particulares. Desde hace ya tiempo es utilizada como medio de pago en los comercios *online*. Cuenta con el respaldo de las entidades financieras, ya que los principales bancos ofrecen este servicio de pago desde la propia *app* del banco.

- **Contrarreembolso.** El cobro de la venta *online* lo realizará el transportista en el momento de la entrega. Se trata de un método poco arriesgado para el comprador, pues se abonará el importe del producto comprado con sus recargos[35] una vez recibido el producto en el lugar acordado.

  Aunque se trata de una modalidad de pago *online* poco frecuente, puede ser recomendable para que nuevos negocios *online* consigan la confianza de los clientes o cuando el producto está orientado a consumidores de cierta edad, desconfiados y menos hábiles con las nuevas tecnologías.

  Figura 2.43. El contrarreembolso se consideran una forma de pago más segura, puesto que no se transmiten al comercio *online* datos bancarios vía Internet.

- **Domiciliación bancaria.** El cliente facilita facilita un número de cuenta bancaria para que el *e-commerce* le gire un cobro. Es habitual en aquellos casos de pagos que presentan una periodicidad determinada.

Aunque en los últimos años el nivel de confianza del comprador online ha mejorado, el miedo a que los datos financieros puedan ser robados o la información personal pueda ser comprometida frenan, en cierta medida, el avance del comercio electrónico. Para evitar posibles fraudes en pagos realizados mediante tarjeta, tanto comprador como establecimiento deben identificarse. En todo sistema de pago electrónico la integridad de los datos intercambiados es un aspecto fundamental. Por ello, los establecimientos que operan de forma *online* adoptan protocolos de alta seguridad para transferir los datos codificados.

---

[35] Recargos por entrega y por elegir esta modalidad de pago.

Figura 2.44. La desconfianza del comprador *online* a la hora de facilitar datos financieros y personales en el momento de pago es uno de los principales problemas para el *e-commerce*.

- Por un lado, se garantiza la autenticidad de la transacción validando la información de la tarjeta de crédito y del titular de esta.

- Por otro, el establecimiento se dota de un certificado de seguridad emitido por una entidad colaboradora certificadora. Los certificados digitales tienen la función de garantizar a los usuarios que navegan por un sitio web la máxima seguridad contra amenazas, fraudes y robos de identidad.

Como medida de seguridad, los datos que se envían en una operación electrónica no pueden ser visibles por terceros, de ahí que se empleen técnicas de encriptado y cifrado de la información. Se empleará un protocolo de comunicación cifrado SSL[36] para el envío de la información de forma segura. Únicamente los extremos de la transacción son conocedores de la información de forma clara tras un proceso inverso de desencriptado.

Un sitio web en el que se ha instalado un certificado SSL se reconoce por el prefijo https:// y la presencia de la imagen de un candado. A través de estos elementos, los usuarios tendrán constancia de que el espacio web está verificado y la comunicación será segura.

Un comprador *online* debe considerar una serie de recomendaciones de seguridad a la hora de adquirir productos o servicios a través de la red. Será importante:

---

[36] *Secure Sockets Layer.*

- Comprobar que el establecimiento virtual utiliza el protocolo https://. Shttp da soluciones seguras a las conexiones HTTP. HTTPS permite a los servidores web acreditar su identidad en las conexiones utilizando un certificado. En HTTPS, el navegador y el servidor establecen una conexión segura y cifrada antes de transferir datos.

- Ver política de privacidad y las condiciones del servicio que ofrece el comercio.

- Buscar información sobre su reputación *online*.

- Evitar utilizar ordenadores públicos para compras *online*.

- Proporcionar únicamente la información imprescindible.

Figura 2.45. La billetera.

Cuando se quieran realizar transacciones en las que participan más de dos partes (comprador, vendedor y bancos respectivos) el protocolo HTTPS no cubre todas las necesidades.

Otro mecanismo que permite operar a las diferentes partes de forma coordinada es el protocolo SET que autoriza las transacciones electrónicas mediante tarjeta bancaria de forma segura.

SET utiliza certificados para autentificar tanto al vendedor como al cliente, reduciendo así la posibilidad de fraudes. Las comunicaciones se cifran para garantizar la seguridad de las transacciones. El establecimiento nunca llega a conocer los datos de la tarjeta de crédito del cliente, solamente tiene constancia de que su banco acepta la transacción y que, por tanto, recibirá el pago.

No obstante, existe una baja utilización de este protocolo de seguridad debido principalmente a la necesidad de instalación de una aplicación denominada *cartera* en el ordenador del cliente, así como de un *software* en el sistema de venta del establecimiento.

Ante estos problemas, se desarrolla el estándar 3D Secure. Este protocolo no exige la instalación por parte del cliente de *software* específico en su ordenador.

Los **sistemas 3DSecure** permiten la realización del pago mediante conexión telemática directa con la entidad bancaria del comprador. Este sistema solicita una clave especial para compras *online* que previamente la entidad ha facilitado a su cliente para operar por Internet. Por tanto, el comprador, para realizar el pago, precisa de un sistema adicional de autentificación.

Los pagos, además de estar cifrados en todo momento, nunca pasan ni se almacenan en la web de la tienda *online*. Por tanto, el propietario de la tienda virtual no tiene acceso a ellos. Esto lo convierte en un sistema más seguro. Las entidades son las encargadas de verificar la autentificación de la tarjeta protegiendo así los datos bancarios del cliente.

Una vez que comienza el proceso de pago,

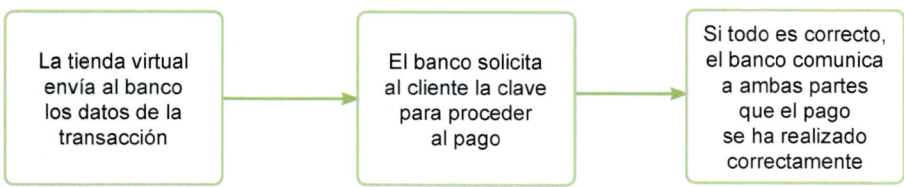

Figura 2.46. Proceso de pago con sistema 3DSecure.

2.2. Los justificantes de pago

El vendedor está obligado a entregar al consumidor, salvo que este renuncie expresamente a su recepción, un documento acreditativo de la operación. En él quedará constancia del producto vendido o servicio prestado, así como de la fecha de realización de la transacción.

Es imprescindible la conservación de este justificante de pago como documento de garantía del producto. El cliente podrá ejercer su derecho de devolución teniendo en cuenta la fecha límite y condiciones establecidas por el establecimiento.

2.2.1. El recibo: elementos y características

El **recibo** es un documento que emite la persona que cobra a otra una cantidad de dinero. Su función es la de hacer de justificante del pago. Se suele entregar cuando la compra se liquida en varios pagos para justificar cada uno de ellos.

En muchas ocasiones se firma la factura poniendo la palabra «pagada»; esta manifestación de cobro tiene la misma validez que un recibo.

En el documento deben figurar los siguientes datos:

- Número de recibo.

- Datos identificativos del emisor.

- Nombre de la empresa o persona que entrega el dinero.

- Importe en letra y número.

- Indicación de si la cantidad se entrega en efectivo o con cheque, en cuyo caso debe figurar el número de cuenta y la entidad a la que pertenece.

- Concepto del pago.

- Lugar y fecha de expedición.

- Nombre y firma de la persona que recibe el dinero.

El recibo se extiende en un impreso, en forma de talonario, destinado para ello. Puede tratarse de:

- Recibos autocopiativos: formados por hojas blancas (originales) y por hojas de color (duplicados). El original se entrega al que efectúa el pago, mientras que las copias quedan en poder del que lo emite.

- Recibos con matriz: en este caso el documento consta de dos partes:

  · El *recibo* se entrega firmado a la persona que hace el pago.

  · La persona que cobra se queda con la *matriz* como justificante. Esta queda unida al talonario.

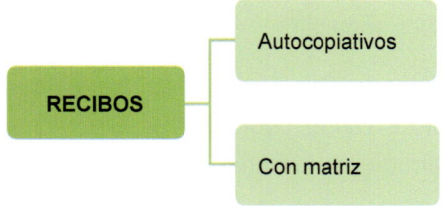

Figura 2.47. Tipos de recibos.

Los **recibos normalizados** son los que se usan para realizar el pago a través de una entidad bancaria. Es lo que se conoce como domiciliar un pago. De esta forma, el proveedor de la mercancía o servicios cede el recibo a la entidad financiera para su cobro. El cliente, a través de un impreso de autorización de cobro facilitado por la empresa, permite que se efectúen los pagos cargando el importe en su cuenta.

La domiciliación bancaria es frecuente para aquellos pagos que se repiten de forma periódica, ya que la emisión y puesta en circulación se puede realizar de forma automática.

Para tangibilizar la acción de pago futuro, el recibo normalizado ha de contener una serie de datos:

- Datos de la entidad financiera que realiza el cargo.
- Datos del que expide el recibo.
- Numeración.
- Lugar de emisión.
- Importe en cifra.
- Fecha de emisión del recibo.
- Fecha valor, fecha en la que se realiza el cargo en la cuenta deudora.
- Motivo del pago.
- Datos de la entidad financiera donde se realizará el abono del recibo.
- Número de cuenta donde se domicilia el pago.
- Nombre y domicilio del pagador.
- Firma del emisor.
- Inscripción magnética.

En el caso de que el pago no sea realizado, el banco devuelve el recibo a la empresa y le carga un porcentaje sobre el importe del recibo en concepto de comisión de devolución.

Uno de los aspectos que hay que tener en cuenta, recogidos en la Ley 19/2018, de servicios de pago y otras medidas urgentes en materia financiera, es el régimen de autorización en las operaciones de pago y, más concretamente, el sistema de plazos para solicitar la devolución de recibos bancarios.

La ley distingue entre operaciones de pago autorizadas y operaciones de pago no autorizadas. Se considerarán autorizadas aquellas operaciones en las que el ordenante ha dado consentimiento para su ejecución.

- Existe derecho a devolución, cuando los recibos estuvieran previamente autorizados, si al dar la autorización, no se especificara el importe exacto, o si dicho importe supera razonablemente el que se espera teniendo en cuenta las pautas de gasto previas, las condiciones del contrato y otras circunstancias pertinentes.

  En estos casos, el plazo máximo de devolución es de ocho semanas, contadas a partir de la fecha de adeudo en cuenta. En diez días hábiles, desde que recibe la solicitud de devolución, la entidad deberá devolver el importe del recibo o bien justificar la denegación de devolución, indicando en este caso los procedimientos de reclamación, judiciales y extrajudiciales, a disposición del usuario, para el caso de que el ordenante no esté conforme con las razones ofrecidas.

- En el caso de los recibos que no estuvieran previamente autorizados, se deberá comunicar a la entidad la operación no autorizada en un plazo máximo de trece meses desde la fecha del adeudo o abono.

El ordenante y su proveedor de servicios de pago podrán convenir que no sea necesario cumplir estas condiciones para obtener la devolución.

2.2.2. Justificante de una transferencia

El **justificante de una transferencia** es un recibo que entrega el banco como acuse de realización de un pago. Es válido como resguardo de la operación.

Los pagos por transferencia pueden tardar hasta dos días en hacerse efectivos cuando proceden de entidades diferentes. Así pues, los plazos de envío y entrega de pedidos con pago por transferencia empiezan a contar desde la confirmación del pago de estos.

2.3. Diferencias entre factura y recibo. Obligaciones para el comerciante y establecimiento comercial

Recibo y factura son documentos emitidos por el proveedor de un producto o servicio. Su principal diferencia radica en el momento en que ambos se emiten y en la finalidad que persiguen.

- El **recibo** es un comprobante de compra de un producto o servicio mediante el cual queda justificado el pago. Lo emite el proveedor una vez recibe el importe de la transacción. Los recibos, por lo general, se extienden por duplicado. El original se entrega a quien hizo el pago y el duplicado queda en poder de quien lo recibe.

- La **factura** es un documento más completo que acredita legalmente que se ha realizado una operación comercial. Tiene una finalidad tributaria. Es emitida por el proveedor de un producto o servicio una vez que la transacción se realiza, pero antes de que se efectúe el pago. Por tanto, la factura es una solicitud de pago mientras que el recibo es un registro de que dicho pago se ha realizado.

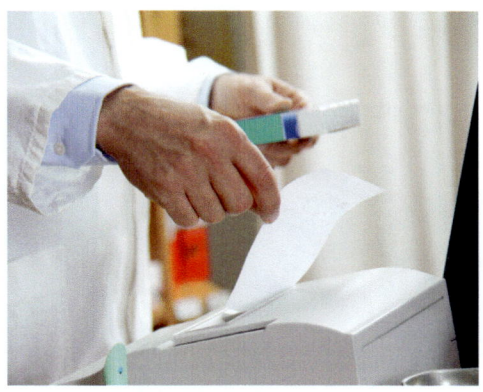 

Figura 2.48. El recibo tiene un valor meramente informativo (izquierda).
Figura 2.49. Una factura en la que aparezca el término pagado tiene la misma validez que un recibo (derecha).

Un recibo corriente contiene una fecha y un desglose más o menos pormenorizado de la operación, pero carece de otra información como los datos fiscales del comprador y el vendedor o el desglose de los impuestos relacionados. En cambio, toda esa información fiscal sí viene perfectamente indicada en una factura corriente.

El tique o *ticket* deja de ser un justificante de venta y es sustituido por la **factura simplificada.** La factura simplificada es el documento que sustituye a la factura cuando el importe no es superior a 400 € (IVA incluido) o cuando se trate de una factura de rectificación. Estas facturas podrán ser emitidas cuando el emisor esté expresamente autorizado por la Agencia Tributaria para la expedición de tiques (hostelería, peluquerías, autopistas…) siempre que el importe no exceda de 3000 € (IVA incluido).

Una factura simplificada contiene los mismos datos que una factura ordinaria, exceptuando los datos fiscales del destinatario. Es decir, no es necesario especificar el nombre, domicilio y NIF del cliente.

FACTURA SIMPLIFICADA	FACTURA
- Número de serie de factura. - Datos de la empresa emisora. - Fecha de realización de la operación. - Descripción de la operación. - Tipo impositivo aplicado. - Desglose de bases imponibles. - Importe total IVA incluido. - Mención si es factura rectificativa. - Llevan numeración especial.	- Datos fiscales empresa. - Datos fiscales cliente. - Número de factura. - Fecha de expedición. - Descripción de conceptos facturados. - Descuentos y gastos pactados. - Cuotas de impuestos. - Total a pagar. - Forma y plazo de pago.

Figura 2.50. Datos que obligatoriamente deben contener la factura simplificada y la factura.

La **factura electrónica** es un documento que contiene todos los datos de la factura en formato electrónico. Remplaza al documento generado en soporte papel conservando su mismo valor legal. En todo caso la expedición de la factura electrónica estará condicionada a que su destinatario haya dado su consentimiento. A efectos tributarios adquiere total validez al incluir una cadena o secuencia de caracteres denominada *firma electrónica*. La autenticidad del origen y la integridad de su contenido quedarán garantizadas por alguna de las siguientes formas:

Figura 2.51. La factura electrónica es transmitida por el emisor con medios telemáticos y se conserva en soporte digital, lo que permite su consulta e impresión en cualquier momento.

- Mediante una firma electrónica reconocida. Para firmar un documento es necesario disponer de un certificado digital emitido por un proveedor de servicios de certificación o de un DNI electrónico. Ambos poseen una serie de claves criptográficas con las que se pueden cifrar mensajes y documentos. Una de esas claves se hace pública y otra se mantiene en secreto por la persona u organización titular del certificado o DNI electrónico. Cuando una persona desea firmar un mensaje, puede hacerlo cifrándolo con su clave privada. El destinatario solamente podrá descifrarlo utilizando la clave pública del remitente pudiendo así comprobar la identidad de este. Por otro lado, si un mensaje se cifra con la clave pública del destinatario, solamente este podrá descifrarlo mediante su clave privada.

- Mediante el sistema de intercambio electrónico de datos (EDI).

- Mediante otros medios que los interesados hayan comunicado a la AEAT con carácter previo a su utilización.

Las facturas deben conservarse durante el periodo de prescripción del impuesto (cuatro años) y la conservación de las facturas electrónicas ha de efectuarse de forma que se puedan leer en el formato en que se hayan emitido. La AEAT podrá exigir un acceso en línea a los datos, así como su carga remota y posibilidad de utilización sin pérdida de tiempo.

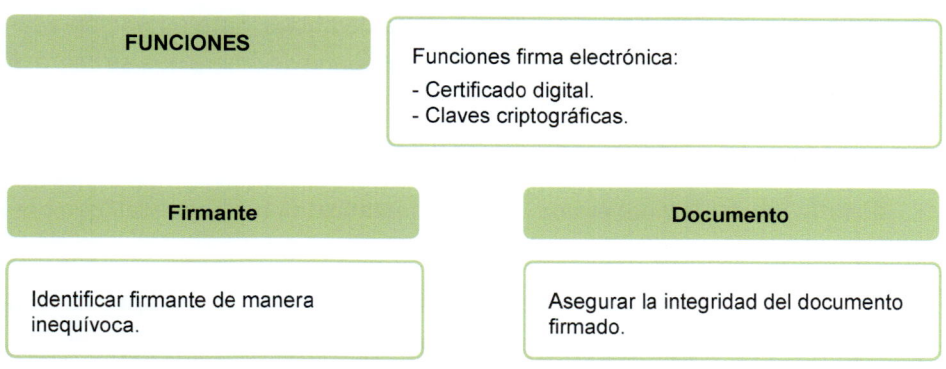

Figura 2.52. La firma electrónica es un conjunto de datos electrónicos que están asociados a un documento electrónico.

2.4. Devoluciones y vales

Un requisito para poder efectuar cualquier cambio o devolución es la presentación del justificante de compra. Es recomendable que antes de comprar un producto los consumidores se informen sobre la posibilidad o no de devolución, así como de las condiciones que establece el establecimiento.

El derecho a devolución del dinero solo existe si la mercancía presenta algún defecto de fabricación anterior a la venta. En ese caso, el comprador podrá elegir entre la entrega de un producto nuevo o la devolución del importe. No estará obligado a aceptar vales, cheques ni moneda interna.

Por otro lado, los establecimientos pueden decidir libremente si aceptarán devoluciones de productos por otras causas. En caso

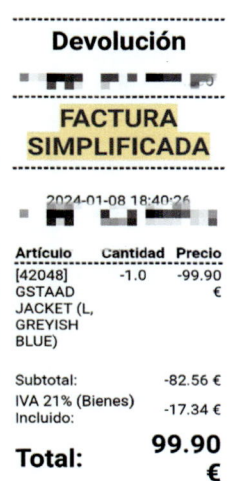

Figura 2.53. Factura de devolución.

afirmativo, determinarán las condiciones (plazos, si se efectuará el rembolso mediante la devolución del importe o a través de tarjeta de abono, si el envoltorio puede estar abierto o no, etc.) y opciones disponibles para realizar la devolución. Si el cliente recibe el rembolso a través de una tarjeta de abono, podrá canjearla por otros productos del mismo establecimiento hasta el saldo de la tarjeta y durante el periodo de validez que figura en el propio documento.

Los programas de gestión del TPV deben incluir una funcionalidad de registro de las devoluciones de compra. La gestión de las devoluciones se realizará utilizando esta función específica o introduciendo en la casilla de cantidad un valor negativo generando así una nueva factura de abono. Esta operación además de regularizar el stock permitirá realizar el abono de dinero que se cobró al cliente o generar un vale por dicho importe.

El protocolo general de actuación en estos casos es el siguiente:

- El *software* del TPV deberá tener implementada una funcionalidad que permita crear devoluciones.

- Se introducirá el número de referencia del justificante de compra o factura en un buscador y se generará el documento. En el listado de los productos del documento se seleccionarán aquellas referencias que hay que devolver. Se podrá indicar la cantidad exacta que el cliente entrega.

- Estas referencias se trasladarán a una nueva factura con cantidad negativa.

- Se escogerá la forma de devolución. Normalmente cuando el establecimiento entrega el importe lo hace utilizando el mismo medio de pago utilizado por el cliente durante la compra.

  Si se opta por la entrega de un vale de compra o tarjeta de abono, el *software* permitirá generar este elemento por valor del importe de la devolución. Si el rembolso se hace a través de una tarjeta regalo o de abono, el saldo de la misma será automáticamente actualizado.

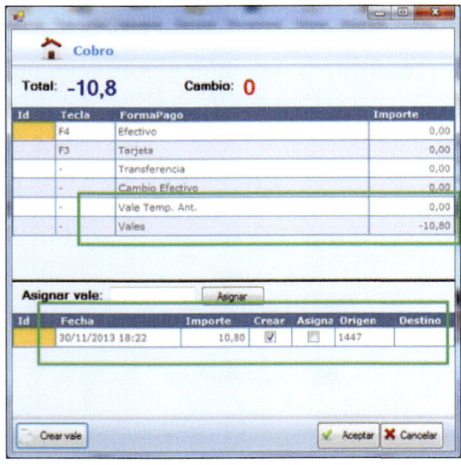

Figura 2.54. El *software* del TPV permitirá la creación de vales de compra por valor del importe de la devolución.

- En ocasiones existe la posibilidad de escribir un comentario u observación sobre la operación.

2.4.1. Normativa

- *Ley 7/1996, de 15 de enero, de Ordenación del Comercio Minorista.* La presente ley tiene por objeto principal establecer el régimen jurídico general del comercio minorista, así como regular determinadas ventas especiales y actividades de promoción comercial, sin perjuicio de las leyes dictadas por las comunidades autónomas en el ejercicio de sus competencias en la materia.

  Comercio

  Esta ley ha sido modificada desde su aprobación en varias ocasiones con el fin de adecuar su contenido a la realidad de los mercados. A la hora de regular el comercio es preciso considerar los cambios en las pautas y hábitos de consumo de la población, fruto de un nuevo modelo sociocultural, así como las preferencias de los consumidores en relación con los distintos formatos, enseñas comerciales y modalidades de venta. La *Ley 1/2010, de 1 de marzo, de reforma de la Ley 7/1996, de 15 de enero, de Ordenación del Comercio Minorista* introduce modificaciones sobre aspectos fundamentales del sector.

- *Real Decreto Legislativo 1/2007, de 16 de noviembre*, por el que se aprueba el texto refundido de la *Ley General para la Defensa de los Consumidores y Usuarios* y otras leyes complementarias.

  Consumidores

  Ley 3/2014, de 27 de marzo, por la que se modifica el texto refundido de la Ley General para la Defensa de los Consumidores y Usuarios y otras leyes complementarias, aprobado por el Real Decreto Legislativo 1/2007, de 16 de noviembre.

- La Ley 37/1992, de 28 de diciembre, del Impuesto sobre el Valor Añadido; la Ley 58/2003, de 17 de diciembre, General Tributaria y el Real Decreto 1619/2012, de 30 de noviembre, que aprueba el Reglamento por el que se regulan las obligaciones de facturación, establecen las obligaciones a las que quedan sometidos los empresarios y profesionales en cuanto a la facturación de operaciones comerciales que realizan. Empresarios y profesionales están obligados a:

  Factura

  - Emitir y entregar factura por las operaciones que realicen en el desarrollo de su actividad empresarial o profesional.

  - Conservar copia o matriz de estas facturas emitidas.

  - Conservar las facturas u otros justificantes recibidos de otros empresarios o profesionales.

  - Llevar unos libros registros de las facturas emitidas y recibidas.

Respecto a la normativa relacionada con los sistemas de pago se destaca:

Pagos

• *Real Decreto-ley 19/2018, de 23 de noviembre,* de servicios de pago y otras medidas urgentes en materia financiera.

Esta norma tiene como objeto adecuar las normas españolas a las comunitarias para crear un marco jurídico común que facilite el funcionamiento del mercado único de los servicios de pago.

La **SEPA,** zona única de pagos europea, permite a empresas y particulares hacer y recibir pagos electrónicos en euros con las mismas condiciones básicas, derechos y obligaciones, independientemente del lugar donde estén.

Esta normativa completa el proceso de mercado único en la Unión Europea (UE) que se inició en 2002 con la entrada en circulación del euro, y dota de un marco legal homogéneo a los instrumentos de pago en 36 países: los 27 Estados miembros de la UE, así como Islandia, Liechtenstein, Noruega, Andorra, Mónaco, San Marino, Suiza, Reino Unido y Ciudad del Vaticano.

Gracias a este sistema, los usuarios podrán realizar pagos en cualquiera de ellos con una sola cuenta, una única tarjeta, sin hacer diferencia entre operativas nacionales e internacionales. Todos los pagos entre países de la zona SEPA dispondrán de un único conjunto de estándares y normas.

El proceso de adaptación al sistema ha exigido a empresas y particulares canalizar todas las operaciones bancarias a través de los nuevos **códigos de cuenta IBAN**[37] de 24 dígitos (en España). Este dato sustituye al código de veinte dígitos que, hasta ahora, se había utilizado en nuestro país —código cuenta cliente o CCC—.

El IBAN está formado por el número de cuenta actual, precedido del código de país y un dígito de control. En el caso español, el IBAN tiene la siguiente estructura:

| ES | **+** | Dígito control 2 cifras | **+** | CCC 20 dígitos | **=** | IBAN |

Figura 2.55. Estructura del IBAN, identificador único de cualquier cuenta de pago en zona SEPA.

El **Código BIC**[38], también conocido como código SWIFT, sirve para identificar al banco beneficiario de una transferencia. Completa la información proporcionada por el código IBAN. Su estructura puede tener dos formatos diferentes:

---

[37] *International Bank Account Number.*

[38] *Bank Identifier Code.*

- Código de ocho caracteres que incluye información de la entidad, país y localidad.

- Código de once caracteres que incluirán, además de la información anterior, otros tres caracteres que harán referencia a la sucursal.

Figura 2.56. Para la correcta realización de los pagos internacionales, conviene informar del código IBAN del beneficiario y del código BIC de la entidad destinataria.

En el ámbito del comercio electrónico hablamos de la siguiente legislación específica de aplicación:

- *Ley 34/2002, de 11 de julio, de servicios de la sociedad de información y de comercio electrónico.*

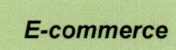

  Establece el régimen de responsabilidad que se aplica a una actividad. Es de vital importancia conocer la legislación a la que está sujeta la misma. Conocer la Normativa de Consumidores y usuarios es especialmente necesario en el ámbito internacional.

- *Ley Orgánica 3/2018, de 5 de diciembre, de Protección de Datos Personales y garantía de los derechos digitales.*

  Será de aplicación en el momento en el que el establecimiento virtual recopila datos de los consumidores o usuarios. Este debe tomar las medidas necesarias para garantizar la política de privacidad y protección de datos personales. Cualquier formulario de una web que recopile datos personales está sujeto a la ley.

- *Ley 3/2014, de 27 de marzo, por la que se modifica el texto refundido de la Ley General para la Defensa de los Consumidores y Usuarios* refuerza especialmente la protección al consumidor en los contratos celebrados a distancia y fuera del establecimiento del empresario. La ley exige que los sitios web de comercio indiquen de modo claro y legible, desde el comienzo de la compra, cuáles son las modalidades de pago que se aceptan y si hay alguna restricción.

- La *Ley 28/2014, de 27 de noviembre* introduce nuevas reglas de localización de las prestaciones de servicios efectuadas por vía electrónica..

  Desde el 1 de enero de 2015, de acuerdo con las reglas de localización introducidas en la *Directiva 2008/8/CE impuesta por el Consejo de la Unión Europea,* cuando estos servicios se presten a un consumidor final pasan a gravarse en el lugar donde el destinatario esté establecido independientemente del lugar donde esté establecido el prestador.

Estas nuevas reglas de localización en el IVA vienen acompañadas de dos nuevos regímenes especiales del IVA, que son opcionales y que permiten a los sujetos pasivos liquidar el impuesto adeudado por la prestación de dichos servicios a través del portal web Ventanilla Única en el Estado miembro de la UE en el que estén identificados, lo cual les evita tener que registrarse en cada Estado miembro donde realicen las operaciones.

- El *Real Decreto-ley 7/2021, de 27 de abril,* regula el tratamiento del IVA del comercio electrónico y establece las reglas de tributación de las entregas de bienes y prestaciones de servicios a consumidores finales comunitarios, desde otro Estado miembro o un país o territorio tercero.

  - Las entregas de bienes y prestaciones de servicios que, generalmente contratados por medios electrónicos por consumidores finales comunitarios, son enviados o prestados por empresarios o profesionales desde otro Estado miembro o un país tercero quedan sujetas al IVA en el Estado miembro de llegada o de residencia del destinatario.

  - La gestión tributaria del comercio electrónico en el IVA se sustenta en la ampliación de los regímenes especiales de ventanilla única que pasan a ser el procedimiento específico para la gestión y recaudación del IVA devengado por estas operaciones a nivel comunitario. Asimismo, por primera vez, se involucra a los titulares de las interfaces digitales que facilitan el comercio electrónico, que se convierten en colaboradores de la propia recaudación, gestión y control del impuesto.

Figura 2.57. La tasa Amazon es el nombre con el que se conoce popularmente la Directiva 2008/8/CE impuesta por el Consejo de la Unión Europea.

2.4.2. Procedimientos internos de gestión

Los *softwares* ERP[39] del TPV integran en un único sistema todos los procesos de negocio. Cuentan con prestaciones específicas que permiten que datos de ventas, compras, pagos, *stocks*-inventarios, personal y clientes estén disponibles de una manera centralizada.

La agilización en los procesos de gestión de cobro, la minimización de errores y descuadres, el mayor control y eficacia en la gestión del *stock,* proveedores y clientes son elementos que mejoran en general la rentabilidad del negocio. Por ello, automatizar determinadas acciones, a través de soluciones de *software* con diseños visuales e intuitivos, consigue simplificar procesos internos incurriendo en los mínimos errores.

Bajo un sistema de control de accesos a usuarios o vendedores, estos sistemas modulares permiten:

* Gestionan ventas, compras y devoluciones.

* Realizar reservas y presupuestos.

* Utilizar múltiples medios de pago.

* Convertir automáticamente las facturas simplificadas en facturas.

* Ofrecer información, en tiempo real, del nivel de *stocks* de cada referencia, márgenes de beneficio que aportan y ventas que generan.

Los módulos de comunicación con los que cuentan estas aplicaciones permiten la realización de intercambio de datos en tiempo real entre distintos centros o entre los centros y la sede central del negocio. El envío automático de información sobre nuevos productos, niveles de *stocks,* cambios de precios etc. facilitará un seguimiento permanente de la actividad de nuestro negocio.

Figura 2.58. El *software* del TPV facilita la gestión diaria del negocio, lo que ayuda a reducir costes y mejorar el control de los procesos internos relacionados con el punto de venta.

[39] *Enterprise Resource Planning.*

2.5. Registro de las operaciones de cobro y pago

Independientemente del medio de pago elegido, todas las compras de productos o servicios que el establecimiento o los consumidores hagan deberán ser registradas en el sistema de gestión del terminal punto de venta. La correcta operativa de estos registros, así como el cuadre o arqueo de caja, será responsabilidad del encargado del terminal en cada turno.

Como medida de seguridad se recomienda hacer copias temporales, en tarjetas de memoria, del registro de todas las operaciones realizadas durante la jornada. Los justificantes de las operaciones de caja se guardarán adecuadamente, en soporte papel o archivo electrónico, durante cuatro años.

Otra funcionalidad destacable de los programas de gestión del TPV consiste en la generación de listados de facturas (normales o simplificadas) expedidas a clientes, así como albaranes o facturas de compra (emitidas por proveedores). El programa no está diseñado para generar ningún modelo de la Agencia Tributaria, pero la generación de estos listados facilita las declaraciones de impuestos (IVA).

2.6. Arqueo de caja: concepto y finalidad

El terminal punto de venta permite extraer información sobre el total de ventas realizado en un determinado periodo de tiempo. Será habitual obtener esos datos de forma diaria con la finalidad de comprobar que cuadra la caja.

El arqueo de caja es un proceso esencial para garantizar la precisión del registro de transacciones realizadas en un establecimiento. Si este cuenta con más de una caja en funcionamiento, se deberá hacer el arqueo de todas ellas.

Este arqueo consiste en comparar el saldo contable de la cuenta de caja con el resultado físico de contar el efectivo y otros medios de pago reales que se encuentran en ella. El objetivo principal del arqueo de caja es verificar que no haya discrepancias entre lo que se espera tener y lo que realmente se tiene en términos de dinero y registros. Si ambos saldos coinciden, no deberemos realizar ningún ajuste; por el contrario, si existen diferencias, tendremos que adaptar el arqueo contable al físico, este último es el correcto.

Para realizarlo, se comprueba el dinero existente en caja al inicio de la jornada. Este saldo más las ventas realizadas menos los pagos deberá ser igual a la cantidad de efectivo que tenga la caja al final de la actividad diaria.

Figura 2.59. Proceso de arqueo de caja.

El protocolo general a seguir en un arqueo comenzará seleccionando la opción de cierre de caja. La ventana de arqueo que genera el *software* de la TPV contendrá información sobre:

- Número de caja en la que se está realizando.

- Fecha de apertura y cierre.

- Importes pendientes de cobro.

- Importe de apertura/cierre de caja.

- Cobros y pagos realizados según las distintas modalidades de pago (metálico, tarjeta bancaria, etc.).

- Importes cobrados pendientes de periodos anteriores (metálico, tarjeta).

- Cobros varios. No están asignados a una factura.

- Pagos varios a proveedores o cualquier otro fin.

- Etcétera.

Una vez obtenida esta información, se procede a realizar el recuento de lo cobrado y pagado con tarjeta y metálico. Si hay discrepancias entre el efectivo real y el esperado será necesario registrar las diferencias de manera detallada. Se realizará un informe de arqueo de caja que incluya los detalles de las diferencias, si las hubiera, y cualquier explicación o comentario relevante.

El arqueo de caja tiene como objetivo mantener controles diarios o por turnos. Esta función es especialmente importante en aquellos negocios en los que las rotaciones de turnos son más frecuentes. A la hora de realizarlo el arqueo habrá que considerar si se han hecho acciones tipo:

- Cobros realizados mediante medios de pago diferentes de efectivo permitidos en el establecimiento.

- Añadir dinero a la caja por falta de cambio.

- Retirar dinero de caja por exceso de saldo o exceso de moneda.

- Recibo de propinas.

- Etcétera.

Figura 2.60. Al finalizar el día o el turno, se cuenta el dinero de caja, se resta el saldo inicial y se suman los pagos. El resultado debe coincidir con lo que nuestro terminal indica que ha sido vendido.

2.7. Recomendaciones de seguridad e higiene postural en el TPV

El puesto de cobro en caja constituye una ocupación que puede generar algunos riesgos. A la hora de implantar las medidas preventivas que garanticen el bienestar y salud de los trabajadores es necesario tener, en todo momento, presente estos factores de riesgo:

- Fatiga postural. El trabajo estático o las posturas incorrectas pueden dificultar el riego sanguíneo y el aporte de nutrientes y oxígeno a nuestro organismo. Ello puede causar dolor, fatiga e incluso lesiones.

- Sobresfuerzos debidos principalmente a la manipulación de pesos excesivos pueden ocasionar dolores de espalda, hernias o lumbalgia.

- Trastornos en músculos implicados en los movimientos rápidos y repetitivos que genera el puesto de caja (hombros, brazos, manos etcétera).

- Fatiga visual.

- Carga mental, ocasionada por la monotonía y trato con todo tipo de clientes.

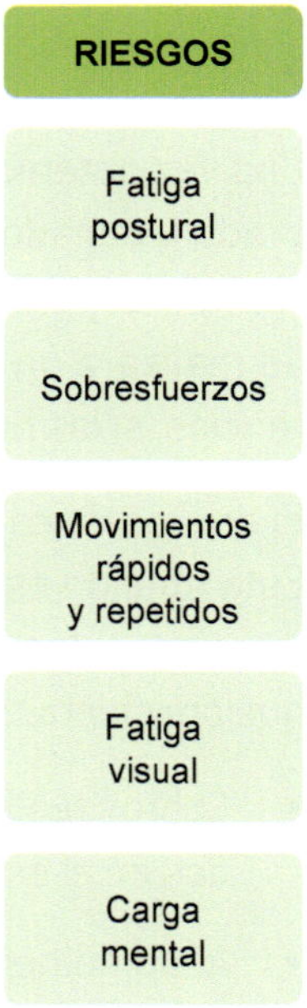

La adopción de determinadas posturas durante largos periodos de tiempo debe someterse a un estudio ergonómico cuidadoso con el fin de lograr una mejor adaptación del sujeto a sus tareas y prevenir así patologías.

RIESGOS

Fatiga postural

Sobresfuerzos

Movimientos rápidos y repetidos

Fatiga visual

Carga mental

Figura 2.61. Posibles riesgos en el manejo del TPV.

La higiene postural se centra en aprender a adoptar posturas y realizar movimientos de la forma más adecuada para evitar consecuencias como fatiga, dolor muscular, etc. Actúa corrigiendo posturas erróneas y viciadas.

Las normas básicas de higiene postural en el manejo de la TPV buscan adoptar posiciones adecuadas durante el manejo de esta. Hay que tener en cuenta que no solo es de gran importancia mantener una postura de trabajo correcta. El material y equipamiento comercial empleado deben estar adaptados a las características del trabajador.

Además del diseño ergonómico del puesto, se deben evaluar aspectos relacionados con la organización del trabajo y la carga física y mental que soportan estos trabajadores.

Existe una serie de medidas preventivas que se recomienda implantar para desarrollo del puesto de caja:

- Correcto entorno de la estación de trabajo.

  · Suficiente espacio de trabajo.

  · Iluminación adecuada. Esta incidirá de forma correcta para facilitar la operativa con los distintos elementos de trabajo.

Figura 2.62. Los requerimientos mínimos de iluminación que precisa esta zona deben ser altos debido las operaciones que en ella se desarrollan (aceptación de billetes, tarjetas, comprobación de recibos, etcétera).

  · El TPV se debe situar de tal forma que se encuentre dentro del ángulo de visión correcto. Se buscará evitar torsiones, inclinaciones o extensiones del cuello.

- Importante mantener los objetos que se van a manipular en una zona accesible sin tener que forzar la postura.

- Evitar ruido ambiental que puede interferir en las comunicaciones con el cliente o resto de personal.

- Mantener orden en el área de trabajo con el fin de facilitar la movilidad y reducir el riesgo de tropiezos y caídas.

- Establecer buena iluminación en el área de trabajo para prevenir la fatiga visual y la tensión ocular.

- Cuidar el ambiente térmico. Este puede ser dañado por la proximidad a zonas de entrada o zonas refrigeradas.

- La postura correcta es aquella que no ocasiona fatiga ni dolor, no altera el equilibrio, el ritmo ni la movilidad. Son recomendables los cambios de tareas, con el fin de evitar una misma postura durante un periodo largo de tiempo, así como intercalar periodos de descanso entre las mismas.

Cuando se esté en **posición sentada**:

- Será necesaria una silla ergonómica de altura y respaldo regulables, con base cómoda, soporte lumbar y transpirable.

- Adaptación de la altura de sillas, mesas, posición del TPV… con el fin de evitar posturas forzadas.

- Sentarse lo más atrás posible en el asiento ocupando toda la base de este. Mantener la espalda recta apoyada sobre el respaldo.

Figura 2.63. El respaldo de la silla debe ser graduable con la finalidad de respetar la forma de la columna.

- Evitar sillas no giratorias ya que obligan a girar la columna con movimientos bruscos.

- Mantener la cabeza en plano horizontal o flexionar ligeramente la columna cervical.

- Comprobar que se alcanzan todos los elementos del puesto de trabajo sin estirar demasiado el cuerpo ni los brazos.

- Apoyar debidamente los pies en el suelo, ligeramente separados. Si no llegan al suelo, utilizar un reposapiés. La postura será más cómoda y se aliviará la lumbalgia crónica.

- Rodillas en flexión de 90° con respecto a la cadera.

- Evitar cruzar las piernas.

Cuando se esté en **posición de pie:**

- Espalda recta.

- Pies separados, toda la planta del pie apoyada sobre el suelo.

- Es importante el uso de calzado cómodo y adecuado para reducir la fatiga y prevenir problemas.

- Evitar permanecer en la misma posición estática durante mucho tiempo, alternar esta postura con otras que impliquen movimiento.

- Poner siempre un pie más adelantado que el otro y cambiar a menudo de posición para no descargar el peso siempre sobre la misma pierna.

- Para recoger algún objeto del suelo, flexionar las rodillas y mantener las curvaturas de la espalda.

Figura 2.64. La carga mental provocada por el trato constante con todo tipo de clientes puede ocasionar cierta fatiga psicológica que afecta a la salud de los trabajadores.

- Sobresfuerzos.

  · Evitar la manipulación de productos pesados, si es necesario teclear los códigos en lugar de escanearlos.

  · No realizar giros bruscos del tronco durante la manipulación de productos.

  · Mantenimiento de cintas de banda y de rodillos para que no pierdan su funcionalidad.

  · Fomentar la rotación de tareas entre los empleados para evitar que estén de pie o sentados durante largos periodos sin descanso.

  · Será fundamental implementar pausas regulares para que los encargados de caja puedan descansar. Durante las pausas es recomendable que realicen ejercicios de estiramiento para reducir la tensión muscular y mejorar la circulación sanguínea.

Figura 2.65. Pesos máximos de manipulación recomendados
15 kg estando de pie y 5 kg en posición sentada.

TEST

2.1. Un pago aplazado puede ser:

a. Parcial, en un solo pago o fraccionado.

b. En un solo pago o fraccionado.

c. Parcial o en un solo pago.

d. Parcial o fraccionado.

2.2. El albarán es un documento que:

a. Emite y firma el vendedor.

b. Expide el vendedor y firma el comprador.

c. Emite el comprador, pero lo tiene que firmar el vendedor.

d. Justifica legalmente la operación de compraventa.

2.3. En el albarán debe figurar:

a. El valor de la mercancía enviada.

b. El valor de la mercancía solicitada.

c. La mercancía enviada, pero esta nunca aparecerá valorada.

d. La mercancía servida.

2.4. Entre los costes que genera a un negocio *online* la pasarela de pagos está/n:

a. El coste mensual de mantenimiento que aumenta a medida que se incrementa el nivel de facturación del negocio.

b. Porcentaje de comisión sobre el valor de las ventas. Este se incrementará ante aumentos en la facturación.

c. Coste por instalación del servicio.

d. Todas las respuestas son válidas.

2.5. El coste de una transferencia bancaria es asumido por:

a. El ordenante.

b. El beneficiario.

c. El ordenante paga una cantidad fija.

d. El beneficiario asume un porcentaje sobre la cuantía transferida.

2.6. En el pago mediante domiciliación bancaria:

a. El beneficiario elaborará un formulario.

b. El ordenante aceptará el formulario que elabora el beneficiario.

c. Se utiliza para asegurar el pago periódico de recibos emitidos por una empresa.

d. Todas las respuestas son correctas.

2.7. Cuando el pago se realiza mediante tarjeta bancaria de crédito:

a. La entidad financiera abona el importe al contado al vendedor.

b. El comprador difiere el pago.

c. Puede ocurrir que no existan fondos en la cuenta corriente asociada.

d. Todas las respuestas son correctas.

2.8. Si el TPV emite una señal para comunicarse y el *smartphone* o tarjeta *contactles* actúa como elemento receptor:

a. Se estará utilizando una tecnología NSC sin contacto.

b. Será necesaria, a través de pin o firma, la autorización del pago por parte del comprador.

c. Hablaremos de un protocolo de comunicación pasivo.

d. Hablaremos de un protocolo de comunicación activo.

2.9. El CVV :

a. Es un código de seguridad de tres dígitos.

b. Se puede encontrar en el reverso de las tarjetas débito y de crédito.

c. Tiene como objetivo verificar que la tarjeta está en manos de su dueño.

d. Todas las respuestas son correctas.

2.10. El sistema 3DSecure:

a. Permite que solamente el propietario de la tienda *online* tenga acceso a los datos bancarios del cliente.

b. Solicita clave adicional para operar por internet.

c. El cliente, si todo es correcto, comunica al establecimiento *online* que la operación se ha completado con éxito.

d. Todas las respuestas son correctas.

2.11. Las tarjetas de crédito:

a. Permiten la realización del pago, aunque no existan fondos en el momento de la compra.

b. Permiten que el vendedor perciba al instante el pago, ya que este importe es cargado en la cuenta del comprador en el momento de la compra.

c. Son utilizadas para fidelizar clientes.

d. No disponen de límite de crédito.

2.12. Un recibo normalizado:

a. Es elaborado por la entidad financiera.

b. Es cedido al banco para su cobro por el proveedor de la mercancía o servicio.

c. Es entregado al cliente por el proveedor de la mercancía o servicio.

d. Una vez cobrado, el banco devuelve el recibo a la empresa y le carga un porcentaje sobre el importe del recibo en concepto de comisión de devolución.

2.13. Un recibo bancario, correspondiente a una operación autorizada:

a. Podrá devolverse en un plazo máximo de 13 meses, contados a partir de la fecha de adeudo en cuenta, si en el momento de dar la autorización no se ha especificado el importe exacto.

b. Podrá devolverse en un plazo máximo de 8 meses, contados a partir de la fecha de adeudo en cuenta, si en el momento de dar la autorización no se ha especificado el importe exacto.

c. Podrá devolverse en un plazo máximo de 8 semanas, contados a partir de la fecha de adeudo en cuenta, si dicho importe supera, de forma considerable, el importe que se espera teniendo en cuenta las pautas de gasto previas.

d. Nunca puede devolverse.

2.14. La factura:

a. Es un comprobante de compra de un producto o servicio, mediante el cual queda justificado el pago.

b. Lo emite el proveedor una vez recibe el importe de la transacción.

c. Es emitida por el proveedor de un producto o servicio una vez que la transacción se realiza, pero antes de que se efectúe el pago.

d. Ninguna respuesta es correcta.

2.15. La factura:

a. Tiene una finalidad tributaria.

b. Es una solicitud de pago.

c. En la que aparezca el término pagado tiene la misma validez que un recibo.

d. Todas las respuestas son correctas.

2.16. En las facturas simplificadas emitidas por un hipermercado:

a. Es obligatorio desglosar las Bases Imponibles según tipo de IVA.

b. Es opcional desglosar las Bases Imponibles según tipo de IVA.

c. Será obligatorio indicar la expresión «IVA incluido».

d. Aparecerá datos del emisor y receptor de la factura.

2.17. Un recibo bancario:

a. Se genera ante el envío de dinero desde cualquier oficina bancaria.

b. Se genera con las ventas realizadas por catálogo.

c. Es el documento por el cual el banco justifica un pago en efectivo.

d. Permite la domiciliación bancaria del pago de un producto o servicio.

2.18. El código BIC:

    a. También se conoce como código SWIFT y completa la información proporcionada por el IBAN.

    b. Sirve para identificar al banco beneficiario de una transferencia.

    c. En su estructura aparece información sobre la entidad, país y localidad.

    d. Todas las respuestas son correctas.

2.19. La Directiva 2008/8/CE impuesta por el Consejo de la Unión Europea establece:

    a. Las empresas dedicadas al comercio electrónico no tienen la obligación de emitir factura electrónica si el consumidor lo solicita.

    b. Que el impuesto del IVA en el *e-commerce* se aplica en el país del comprador y no del vendedor.

    c. Que el impuesto del IVA en el *e-commerce* se aplica en el país del vendedor y no del comprador.

    d. Que el tipo de IVA aplicable a los servicios vendidos será el vigente en el país donde se presta el servicio.

2.20. Para poder operar con *contactless* se requerirá:

    a. Tarjeta contactless.

    b. Datáfonos contactless.

    c. Tecnología NFC.

    d. Todas las respuestas son correctas.

2.21. Si un establecimiento exhibe el distintivo del sistema al que pertenece una tarjeta, ¿puede denegar el pago con ella?

    a. Sí, puede exigir siempre el pago en efectivo.

    b. No. El establecimiento está obligado a aceptar tal medio.

    c. No y puede establecer límites cuantitativos o de otra naturaleza, aunque estos no se anuncien como la admisión de tarjetas como medio de pago.

    d. Las respuestas b. y c. son correctas.

2.22. Entre los costes que una entidad bancaria cobra al establecimiento por la instalación de sistemas de cobro a través de tarjeta bancaria están:

a. El coste por la integración del TPV con la pasarela del pago de la entidad bancaria.

b. La entidad cobra únicamente al cliente nunca al establecimiento.

c. Las comisiones que suponen un porcentaje del importe de la transacción realizada a través de su canal de pago.

d. Las respuestas a. y c. son correctas.

2.23. La higiene postural se centra en:

a. La adopción de posturas adecuadas para un mantenimiento higiénico de la zona de caja.

b. El aprendizaje de movimientos adecuados.

c. El mantenimiento de un material y mobiliario de caja acorde con la imagen de la empresa.

d. Todas las respuestas son correctas.

2.24. Cuando el responsable del TPV adopte la posición sentada se recomienda:

a. Apoyar los pies en el suelo juntos.

b. Cruzar las piernas de forma alternada.

c. Sentarse lo más atrás posible en el asiento ocupando toda la base del mismo.

d. Evitar sillas giratorias.

2.25. Cuando el responsable del TPV adopte la posición de pie se recomienda:

a. Colocar los pies juntos apoyando toda la planta del pie sobre el suelo.

b. Colocar siempre un pie más adelantado que el otro.

c. Intentar permanecer el máximo tiempo posible en posición estática.

d. Todas las respuestas son correctas.

ACTIVIDADES

Actividad 1

Bizum es un sistema de pagos móviles popular en España que permite a los usuarios enviar dinero de forma rápida y segura utilizando sus teléfonos móviles y su aplicación bancaria. Esta plataforma ha simplificado y agilizado la forma en que las personas realizan transacciones de dinero entre sí en España.

1. ¿Existe algún tipo de límite en las transacciones que se pueden hacer a través de este sistema?

2. ¿Es necesario conocer el número de cuenta bancaria de la persona destinataria del pago a través de Bizum?

3. ¿Hay posibilidad de hacer un Bizum a una cuenta corriente extranjera? ¿Y a un teléfono móvil extranjero?

4. ¿Es posible asociar Bizum a dos números de cuenta distintos?

Actividad 2

El titular de una cuenta bancaria que dispone de un fondo que asciende a 1800 € realiza una compra este mes que asciende a 2400 €. Desea realizar el pago a través de tarjeta o dinero de plástico.

1. ¿Qué tipo de tarjeta deberá utilizar?

2. ¿Genera algún coste para el titular esta forma de pago?

3. ¿Qué tipo de tarjetas presentan las siguientes características?

   - Su utilización aporta ventajas como aplazamiento en el abono de las compras u obtención de recompensas según importe de compra.

   - Cuentan con un chip oculto equipado con tecnología NFC que permite realizar el pago sin contacto.

   - Exigen la disposición de fondos en la cuenta bancaria de la entidad emisora.

   - La entidad carga al titular de la misma con carácter quincenal o mensual cuantía más intereses que procedan.

   - Incorporan un chip de memoria recargable.

     El límite de pago será el saldo de la cuenta.

   - No necesita estar vinculada a ninguna cuenta bancaria.

4. ¿Qué ventajas crees que aporta el uso de tarjetas *contactless*?

5. ¿Qué límites estable la normativa europea para los pagos *contactless*?

6. Indica si las siguientes características corresponden a tarjetas de crédito, débito o ambas:

- Permite comprar ahora y pagar después.

- Comodidad de hacer pagos y retirar dinero con cargo a su cuenta, consultar saldos y movimientos, realizar transferencias, recargar el teléfono móvil y casi todas las demás operaciones posibles a través de cajeros automáticos.

- Posibilidad de fraude en caso de robo o extravío.

- Facilita el control de gastos. Evita el endeudamiento.

- Genera comisiones y gastos de mantenimiento.

- Cualquier usuario con una cuenta corriente tendrá facilidad para conseguirla.

- Posibilidad de realizar pagos sin existencia de fondos.

7. ¿De qué forma se puede completar un pago con tarjeta de forma segura?

Actividad 3

1. Indica a qué modalidades de pago corresponden las siguientes definiciones:

- El cliente facilita al establecimiento un número de cuenta para que este le gire con una periodicidad determinada un cobro.

- El pago se realiza mediante una conexión telemática directa con una pasarela de pago de una entidad bancaria. Esta entidad solicita ciertos datos al usuario para poder finalizar la compra.

- El pago se realiza cuando el producto adquirido llega al usuario.

- El establecimiento notifica al usuario un número de cuenta en el que el cliente deberá realizar un abono para que comience a gestionarse el pedido.

2. ¿A través de qué medios se puede realizar una transferencia bancaria?

3. ¿Qué riesgos crees que presenta la modalidad de pago contrarreembolso?

4. Indica qué modalidad de pago es habitual en cada una de las siguientes operaciones de compraventa:

	Modalidad pago		Modalidad pago
Compra prensa en quiosco		Subscripción a prensa	
Billete autobús urbano		Compra ropa por catálogo	

	Modalidad pago		Modalidad pago
Cuota gimnasio		Minuta abogado	
Abono *royalties* autor		Compra *online* billete avión	

Actividad 4

Un tipo de producto financiero son las son las tarjetas *revolving*. Una modalidad de tarjeta de crédito que se ha ido popularizando ante el aumento de las dificultades para conseguir un préstamo bancario durante la crisis.

1. ¿En qué consisten este tipo de tarjetas?
2. ¿Qué ventajas y que peligros generan las tarjetas *revolving*?
3. ¿Qué consecuencia tiene el pago del recibo periódico que la entidad gira por las compras efectuadas?
4. ¿En qué se diferencian de las tarjetas de crédito normales?

Actividad 5

1. Enumera los pasos del protocolo a seguir en el TPV ante una devolución.
2. Las devoluciones deben contribuir a mejorar la experiencia de compra del cliente, no solo para que quede satisfecho, sino para que vuelva a comprar. Elige dos marcas de un mismo sector y analiza de forma comparativa la política de devoluciones que cada una de ellas tiene implantada.

Actividad 6

La implementación de medidas de seguridad e higiene postural en el terminal de punto de venta no solo contribuirá al bienestar de los empleados, sino que también puede aumentar la productividad y reducir los costes asociados con posibles lesiones laborales. La atención a la ergonomía y la higiene postural es esencial para mantener un entorno de trabajo saludable y seguro.

Por otro lado, las condiciones laborales pueden ocasionar daños en la salud del trabajador.

1. ¿Cuáles son los factores de riesgo más habituales relacionados con la organización del trabajo en la línea de cajas?

2. ¿Qué medidas preventivas se podrían establecer para minimizar riesgos?

Actividad 7

No todas las unidades monetarias han de basarse en dinero. Un sistema de pago diferente son los denominados Bancos de Tiempo.

1. Analiza este sistema de intercambio.

2. Busca en esta web http://adbdt.org/ en qué consiste Asociación para el Desarrollo de los Bancos de Tiempo.

3. ¿Sabes cuántos bancos del tiempo existen actualmente en España?

4. Busca a través de www.bdtonline.org si existe algún Banco de Tiempo en tu comunidad.

5. El término *prosumidor* se popularizó en Argentina en la época del corralito. ¿Cómo relacionarías este término con este concepto?

6. Un ejemplo de Banco de Tiempo es Cronobank. Busca en su web como es su funcionamiento.

Actividad 8

Leonor, apasionada por la moda y el diseño, está decidida a poner en marcha una tienda *online* del sector textil a través de la cual venderá sus propios diseños. Leonor sabe que para que el negocio tenga éxito será fundamental implantar sistemas de pago y medidas de seguridad que garanticen transacciones seguras y la confianza de los clientes. Por ello, se está documentando sobre las mejores prácticas en la gestión de pagos en línea.

1. ¿Qué ventajas puede reportar un PSP o proveedor de servicios de pago?

2. Analiza las formas de pago que aceptan distintas marcas o establecimientos *online* del sector considerado.

3. ¿Cuál es la principal diferencia que existe entre los protocolos de seguridad HTTPS y SET?

4. ¿Qué ventaja presenta el estándar 3D Secure con respecto a SET?

Bibliografía

- *Libro blanco del comercio electrónico.* Asociación Española de Comercio Electrónico y Marketing Relacional (AECEM).

- Campo Varela, A. (2023). *Preparación de pedidos.* Paraninfo. ISBN 9788413668796.

- Campo Varela, A.; Hervás Exojo, A. M.; Revilla Rivas, M. T. (2021). *Dinamización del punto de venta.* McGraw Hill. ISBN 9788448624385.

- Gámez, A. (2011). *Comercio electrónico internacional.* Editorial Formación Alcalá. ISBN 9788499763446.

- Kotler, P.; Stigliano, G. (2020). *Retail 4.0 10 reglas para la era digital.* ISBN 9786078704118.

- Lara Arias, L.; Mas Velasco, J. (2018). *Por qué unas tiendas venden y otras no en la era digital.* ISBN 9788494907906.

- Liberos, E.; García del Poyo, R.; Gil Rabadán, J.; Merino, J. A.; Somalo, I. (2011). *El libro del comercio electrónico.* ESIC Editorial.

- Martínez García, A.; Ruiz Moya, C.; Escrivá Monzó, J. (2014). *Marketing en la actividad comercial.* McGraw Hill. ISBN 9788448193584.

- Martínez García, A.; Savall Llidó, V.; Escrivá Monzó, J. (2014). *Gestión de compras.* McGraw Hill. ISBN 9788448193607.

- Solé Moro, M. L. *Comercio electrónico: Un mercado en expansión.* ESIC Editorial ISBN 8473562534.

- Asociación Española de Codificación Comercial. https://www.aecoc.es

- Alimarket. https://www.alimarket.es

- American Express. https://www.americanexpress.com/es-es

- Banco de España. https://www.bde.es

- BBVA bhttps://www.bbva.es

- Bizum. https://www.bizum.es

- CaixaBank https://www.caixabank.es
- Cronobank. https://www.cronobank.org
- Consumer. https://www.revista.consumer.es
- Distribución Actualidad. https://www.distribuciónactualidad.com
- Emprendedores. https://www.emprendedores.es
- Expansión. https://www.expansion.com
- Interactive Advertising Bureau. www.iabspain.net
- Ibercaja. https://www.ibercaja.es
- Mastercard. https://www.mastercard.es
- Organización de Consumidores y Usuarios. https://www.ocu.org
- PayPal. https://www.paypal.com
- Revista Pymes. https://www.revistapymesonline.es
- Servicio de Prevención y Salud Laboral de Madrid. https://www.ictp.csic.es/
- Visa. https://www.visa.es